प्रतीची से प्राची पर्यंत

(सर्वकालिक श्रेष्ठ सोनेट काव्य संग्रह
अंग्रेजी व ओड़िआ भाषा से हिंदी में अनूदित)

भाग-१ प्रतीची
भाग-२ प्राची

प्रतीची से प्राची पर्यंत

(सर्वकालिक श्रेष्ठ सोनेट काव्य संग्रह
अंग्रेजी व ओड़िआ भाषा से हिंदी में अनूदित)

भाग- १ प्रतीची
विनीत मोहन औदिच्य

भाग- २ प्राची
अनिमा दास

BLACK EAGLE BOOKS
2020

BLACK EAGLE BOOKS

USA address:
7464 Wisdom Lane
Dublin, OH 43016

India address:
E/312, Trident Galaxy, Kalinga Nagar,
Bhubaneswar-751003, Odisha, India

E-mail: info@blackeaglebooks.org
Website: www.blackeaglebooks.org

First International Edition Published by
BLACK EAGLE BOOKS, 2020

PRATICHI SE PRACHI PARYANT
Part-1: Translated by **Vineet Mohan Audichya**
Part-2: Translated by **Anima Das**

Translation Copyright © **Vineet Mohan Audichya & Anima Das**

All rights reserved. No part of this publication may be reproduced, stored in a retrieval system, or transmitted, in any form or by any means, electronic, mechanical, photocopying, recording or otherwise without the prior permission of the publisher.

Cover & Interior Design: Ezy's Publication

ISBN- 978-1-64560-116-6 (Paperback)

Printed in United States of America

काव्य संग्रह 'प्रतीची से प्राची पर्यंत' में सम्मिलित समस्त महान सोनेट सृजनकर्ताओं को सादर समर्पित।

सूची

भाग: १

प्रतीची

प्रस्तावना / विनीत मोहन औदिच्य 14

एडमंड स्पेंसर (1552-1599)

एक दिन लिखा मैंने उसका नाम 19

सैमुअल ड़ेनियल (1562-1619)

निद्रा के लिए 20

माइकेल ड्राइटन (1563-1631)

एक विदाई 21

विलियम शेक्सपियर (1564-1616)

ग्रीष्म ऋतु के दिवस से क्या करूँ तुम्हारी तुलना-१८ 22

सच्चा प्रेम 23

सुंदरतम प्राणियों से हम चाहते सुंदर सृजन 24

नन्हा प्रेम देवता 25

आत्मा का विस्तार 26

जॉन डन (1572-1631)

यह है मेरे नाटक का अंतिम दृश्य 27

गर्व मत करो मृत्यु 28

जॉन पायने (1600-1678)

बिन जिया जीवन 29

जॉन मिल्टन (1608-1674)

अपने अंधत्व पर 30

कितनी शीघ्र समय 31

विलियम वर्ड्सवर्थ (1770-1850)

विश्व से अत्यधिक है हमारी आसक्ति 32

अनुबोध 33

समय जो है 34

मत करो सोनेट से घृणा 35

सैमुअल टेलर कालरिज (1772-1834)
प्रकृति के लिये 36
जॉन होब्गेन (1783-1885)
सत्य और सौंदर्य 37
चार्ल्स स्ट्रांग (1785-1864)
समय के लिए 38
औब्रे डि वियर जूनियर (1814-1902)
उसकी सुंदरता 39
जॉन कीट्स (1795-1821)
समाप्त हो गया है दिन 40
आज रात मैं क्यों हँसा ? 41
शलभ और झींगुर 42
हार्टले कालरिज (1796-1849)
रात 43
थामस हुड (1708-1845)
मृत्यु 44
ऐलिजाबेथ बैरेट ब्राउनिंग (1809-1861)
पुर्तगीज से सोनेट 45
पुर्तगीज से सोनेट 46
आत्मा की अभिव्यक्ति 47
लाई हाउटन (1809-1885)
प्रसन्नता 48
हेनरी एलीसन (1811-1880)
सूर्यास्त 49
विलियम फ्रीलेंड़ (1814-1892)
मृत्यु की प्रत्याशा में 50
फ्रेडरिक लाकर (1821-1895)
प्रेम, मृत्यु और काल 51
मैथ्यू अर्नाल्ड (1822-1888)
शेक्सपियर 52
अमरता 53
सिड़नी ड़ोबेल (1824-1874)
सामान्य समाधि 54
दांते गैब्रियल रोसेट्टी (1828-1882)
काला दर्पण 55
खोये दिन 56

	प्रेम दृश्य	57
	अभिलेख	58

ऐलेक्ज़ेंडर स्मिथ (1830-1867)

	सौंदर्य	59

क्रिस्टीना रजैट्टी (1830-1894)

	स्मरण रखो	60
	रक्त में लथपथ पड़ा प्रेम	61

जॉन विलियम इंचबोल्ड़ (1830-1888)

	एक मृतक	62

थियोड़ोर वाट्स (1832-1914)

	प्रथम चुंबन	63
	सोनेट का स्वर	64

रिचर्ड वाटसन डिक्सन (1833-1900)

	मानवता	65

अल्फ्रेड आस्टिन (1835-1913)

	प्रेम का अंधत्व	66
	प्रेम की बुद्धिमत्ता	67

एल्गरनान चार्ल्स स्विनबर्न (1837-1909)

	आशा और भय	68

विल्फ्रेड स्केवन ब्लंट (1840-1922)

	समय की संक्षिप्तता पर	69

आर ए थोर्पे

	विस्मरणता	70

जॉन एड्डिंगटन साइमंड्स (1840-1893)

	शाश्वत निद्रा की प्रतिभा के लिए	71

अर्नेस्ट मायर्स (1844-1921)

	रात्रि का संदेश	72

ए. मेरी एफ रोबिंसन (1857-1944)

	प्रेमी का मौन	73

मार्क आन्द्रे राफालोविच (1864-1934)

	सत्य से अधिक	74
	सुंदर काया	75

राबर्ट लारेंस बिनयोन (1869-1943)

	सोया अतीत	76

राबर्ट फ्रास्ट (1874-1963)

	स्वयं अपने में	77

हरबर्ट ई क्लार्क
राजाओं का राजा   78
जोसेफ एलिस
मौनता   79
जॉन टोड़ हंटर
प्रेतात्मायें   80
क्लोड़ मैके (1889-1948)
अमेरिका   81
एड़ना सेंट विंसेंट मिल्ले (1892-1950)
बीथोवन की सिंफनी सुनकर   82
वेंड़ी कोप (1945)
मेरा दर्पण नहीं कर सकता मुझे आश्वस्त   83
लोर्ना डेविस (जीवित)
नवम्बर   84
इवान मैंटिक (जीवित)
एक नायक   85

भाग: २

प्राची

प्रस्तावना: ओड़िआ सोनेट की यात्रा / अनिमा दास   89
भक्तकवि मधुसूदन राओ (1853 - 1912)
पापी का त्रास   99
अतीत   100
श्री साधुचरण राय (1860-1897)
मिथ्या   101
व्यासकवि फ़कीर मोहन सेनापति (1843-1918)
कर्तव्य साधन   102
जीवन नदी   103
स्वभाव कवि गंगाधर मेहेर (1862- 1924)
व्यथा खद्योत की   104
पल्लीकवि नंदकिशोर बल (1875-1928)
भाव कुसुम   105
दान और भिक्षा   106
कविशेखर चिंतामणि महांति (1867 - 1943)
निर्जनता   107
स्वर्गद्वार   108

उत्कलमणि गोपबंधु दास (1877 -1928)
अल्प बर्षा के पश्चात नराज का दृश्य   109
कवि पद्मचरण पट्टनायक (1885 - 1956)
रूपसी   110
प्रीति स्मृति   111
कांतकवि लक्ष्मीकांत महापात्र (1888-1953)
मानसी प्रतिमा   112
कवि कुंतलाकुमारी साबत (1900 - 1938)
प्रभात   113
कवि गोदावरिश महापात्र (1898-1965)
आज इस प्रभात में   114
मेरी मानसी   115
कवि वैकुण्ठनाथ पट्टनायक (1904 - 1979)
मधुनिशा का प्रसून   116
उपहास मृदा का   117
पद्मश्री डॉ. मायाधर मानसिंह (1905- 1973)
प्रेम -स्पर्श   118
प्रतीक्षा   119
पद्मश्री राधामोहन गड़नायक (1911-2000)
सरसी पथ पर   120
मानव है सुंदर (क)   121
मानव है सुंदर (ख)   122
पद्मश्री सच्चिदानंद राउतराय (1915 - 2004)
जीवन संगीत   123
संसार के पथ पर   124
कवि कुंजबिहारी दाश (1914 -1994)
सबकुछ तुममय होने दो...   125
अवांछित   126
कवि कृष्णचंद्र त्रिपाठी (1911 - 1997)
दो प्राण...   127
मृण की माया   128
न आएंगे लौट कर ?   129
कवि गुरुप्रसाद महांति (1924 -2004)
चंपापुष्प   130
स्वप्न और देह   131

पद्मभूषण कवि रमाकांत रथ (1934)		
	लालटेन	132
कवि चिंतामणि बेहेरा (1928 - 2005)		
	दर्पण	133
	वृक्ष	134
कवि बिभुदत्त मिश्र (1936 - 2003)		
	मृत्यु के लिए	135
	महा अभिसार	136
कवि सौभाग्य कुमार मिश्र (1941)		
	बसंत (३)	137
	अभिनेत्री	138
कवि प्रहराज सत्यनारायण नंद (1942)		
	करो विस्मृत... समस्त बसंत	139
	मैं उसका पवित्र सूर्य	140
कवियत्री बनज देवी (1941)		
	स्वर्ण से भरी है नाव	141
	कल रात	142
कवि गिरिजा कुमार बलियारसिंह (1954)		
	महानदी	143
	उर्वशी	144
	संध्या की कविता (भारतवर्ष)	145
	स्वर्ग का संहार (भारतवर्ष)	146
	प्रस्तरी	147
कवि सुरेश परिड़ा (1955)		
	कान्हा (क)	148
	कान्हा (ख)	149
कवि सत्य पट्टनायक (1962)		
	आज की संध्या	150
	एक रात का सोनेट	151
	जीवन	152
कवियत्री वीणापाणि पंडा (1958)		
	बिजित मानव	153
	चंद्र वाटिका	154
कवि लक्ष्मीकांत पाढ़ी (1961)		
	वार्द्धक्य	155
	आत्मरति	156
	यायावर	157

भाग-१ : प्रतीची

प्रस्तावना

मुझे अत्यंत हर्ष है कि मुझे साहित्य प्रेमियों के समक्ष प्राचीन काल से ही अत्यधिक लोकप्रिय रही साहित्यिक विधा सोनेट की अत्यंत उच्च कोटि की रचनाओं को अनूदित कर प्रतीची से प्राची पर्यंत काव्य संग्रह में प्रस्तुत करने का सौभाग्य प्राप्त हुआ है। यह पुस्तक सुप्रसिद्ध सोनेट विधा में प्रख्यात प्रमुखत: आंग्ल कवियों की मूल भाषा अंग्रेजी से हिंदी भाषा में अनूदित की गई रचनाओं पर आधारित है। सोनेट अर्थात कविता का वह रूप जिसकी संक्षिप्तता ही उसे सर्वाधिक आकर्षक बनाती है।

प्रेम, सौंदर्य, प्रकृति आदि विविध विषयों पर रचे गए सोनेट अलंकारों के अभिनव प्रयोग, लय व तुकांत से सुसज्जित होकर एक दैवीय, संगीतमयी साहित्यिक विधा के रूप में जनमानस को आह्लादित करते रहे हैं। चौदह पंक्तियों की इस कविता में एक ही विचार, भाव, क्रमश: प्रस्तावित, विकसित व पूर्णत्व को प्राप्त कर उसके सौंदर्य को बहुगुणित कर देता है। नेत्र विस्फरित करने वाली विविधता, विचार की विस्तृता और अभिव्यक्ति की सुंदरता से निस्सृत मादक सुगंध पाठक को हतप्रभ कर देती है। वास्तव में श्रेष्ठतम कविता उच्चतम नैतिकता के समान पूर्णत: स्वस्थ्य मष्तिष्क की उपज होती है जो प्रकृति और मानव जीवन को

प्रतिबिंबित करती है। इस मायने में सोनेट को मानव हृदय का आगार कहा जा सकता है जिसमें लगभग प्रत्येक भाव को अभिव्यक्त किया गया है।

'सोनेट' की व्युत्पत्ति इटैलियन भाषा के 'सोनेटो' शब्द से हुई जिसका अर्थ है 'नन्ही सी संगीतमयी ध्वनि'। मध्य कालीन इटली में विकसित यह काव्य विधा मानवीय भावनाओं की कलात्मक अभिव्यक्ति का उत्कृष्ट वाहक सिद्ध हुई है और अपनी अत्यंत लोकप्रियता के चलते शताब्दियों की यात्रा तय करते हुए संपूर्ण विश्व में फैल गई।

तेरहवीं शताब्दी में इटली में इस विधा का आविष्कार करते हुए गियाकोमो ड़ा लेंटींनीं ने सिसिलियन भाषा में लिखा जिसे फ्रांसिस्को पेट्रार्क (१३०४-१३७४) द्वारा सफलता पूर्वक प्रयोग किये जाने के कारण पेट्रार्कन सोनेट के नाम से जाना गया। वहीं कैपल लौफ्ट ने गुइटोन ड़ि अरेजो को काव्य साहित्य का कोलम्बस मानते हुए गुइटोनियन सोनेट की लोकप्रियता का उल्लेख किया है। इटैलियन सोनेट की परम्परा इंग्लैंड़ में चौदहवीं शताब्दी में राजनयिक कवि सर थामस वाट(१५०३-१५४२) और हैनरी हार्वर्ड़ अर्ल आफ सरे (१५१७-१५४७) के साथ तब प्रारंभ हुई जब सोंग्स एंड़ सोनेट्स बाय द राइट लार्ड़ आनरेबल लार्ड़ हैनरी हार्वर्ड़ लेट अर्ल आफ सरे एंड़ अदर के नाम से सोनेट पर पहली पुस्तक प्रकाशित हुई।

कालांतर में सौलहवीं शताब्दी में साम्राज्ञी एलिजाबेथ के उस सुनहरे कार्य काल के दौरान जिसमें गद्य व नाट्य विधायें सर्वाधिक लोकप्रिय हुईं, इंग्लिश सोनेट, अंग्रेजी साहित्य के विश्वविख्यात महानतम नाटककार एवं कवि विलियम शेक्सपियर के सफल संरचनात्मक प्रयोग के कारण उनके नाम पर 'शेक्सपीरियन सोनेट' के नाम से विख्यात हुआ, इसी काल में एड़मंड़ स्पेंसर, माइकल ड्राइटन व सिड़नी ड़ोबेल ने भी सोनेट लिखे। यह विधा शेक्सपियर के पश्चात लगभग पचास वर्षों तक सुसुप्तावस्था में रहने के बाद नैतिकता वादी काल (प्यूरिटन एज) में सुप्रसिद्ध कवि जान मिल्टन द्वारा पुनर्जीवित की गयी जिसने इटैलियन सोनेट की परम्परा को कुछ सीमा तक आगे बढाया तदअनंतर पुनर्स्थापना काल (रेस्टोरेशन पीरियड़) में जान ड़न ने होली सोनेट्स श्रृंखला से अपना योगदान दिया ।

संरचना के आधार पर सोनेट विधा के पांच प्रकार कहे गए हैं जो निम्नानुसार हैं।

१-पैट्रार्कन सोनेट २-स्पेंन्सरियन सोनेट ३-शैक्सपियरियन सोनेट ४-मिल्टोनिक सोनेट व ५-समकालीन सोनेट।

कवियों द्वारा विभिन्न कालों में उपरोक्त सभी संरचनाओं पर आधारित सोनेट लिखे गये।

अठ्ठारहवीं शताब्दी में लगभग सौ वर्षों तक उपेक्षित रहने के बाद स्वच्छंदता वादी युग जिसे रोमांटिक एज के रूप में भी जाना जाता है जब काव्य विधा अपने स्वर्णिम काल में थी एवं साम्राज्ञी विक्टोरिया के काल में जब उपन्यास विधा भी लोकप्रियता के अपने शिखर पर थी, सोनेट विधा विलियम वर्ड्सवर्थ, जान कीट्स, एलिजाबेथ बैरेट ब्राउनिंग, दांतें गैब्रियल रोजेट्टी, हार्टले कालरिज, मैथ्यू अर्नाल्ड़, थियोड़ोर वाट्स, एल्गरनान चार्ल्स स्विनबर्न, एलेक्जेंड़र स्मिथ, अल्फ्रेड़ आस्टिन, क्रिस्टीना रजैट्टी, रिचर्ड़ वाटसन ड़िक्सन, मार्क एंड्र्यू राफालोविच, विल्फ्रेड़ स्केवन ब्लंट, जान एड़िंगटन साइमंड्स, विलियम फ्रीलेंड़ और आब्रे ड़ी वेयर (जूनियर) जैसे महान कवियों के अभूतपूर्व योगदान से निरंतर समृद्ध हुई।

वर्ड्सवर्थ के सोनेट में महानतम आंग्ल सोनेट कवियों का शानदार कार्य निहित है। वाल्टर स्काट के शब्दों में वह असाधारण प्रतिभा के धनी थे जो संक्षिप्तता, गरिमा, काव्य उत्साह व पारदर्शिता से अपने उच्च कोटि के विचारों को प्रस्तुत करते हैं। उनके सोनेट वह दर्पण हैं जिनमें उनकी काव्य प्रकृति परिलक्षित होती है।

सोनेट विधा में दांतें गैब्रियल रोसेट्टी की कल्पनाशीलता बेजोड़ है। उनमें विलियम शेक्सपियर की मौलिकता, एलिजाबेथ बैरेट ब्राउनिंग का मर्यादित सौंदर्य और विलियम वर्ड्सवर्थ की सूर्य प्रकाश से भरी पारदर्शिता का अद्भुत संमिश्रण है। संक्षेप में उन्नीसवीं शताब्दी में विभिन्न कवियों द्वारा सोनेट विधा का सर्वाधिक सफलता पूर्वक प्रयोग किया गया।

बीसवीं शताब्दी के आधुनिक काल में शेक्सपियर का अनुकरण करते हुए मार्क आन्द्रे राफालोविच, ए. मेरी एफ रोबिंसन, राबर्ट लारेंस बिनयोन एड़ना विंसेंट मिल्ले क्लाड़ मैके और महानतम अमेरिकन कवियों में से एक राबर्ट फ्रास्ट ने सोनेट विधा में काव्य सृजन कर ख्याति प्राप्त की । इक्कीसवीं शताब्दी के उत्तर आधुनिक काल में इवान मंटिक, वेंड़ी कोप और लोर्ना ड़ेविस जैसे बहुसंख्य कवि इस विधा में निरंतर महत्वपूर्ण योगदान दे रहें हैं।

इस संग्रह के भाग पश्चिमी काल खंड़ 'प्रतीची' में अधिसंख्य सोनेट १८८६ में प्रकाशित विलियम शार्प के सोनेट्स आफ दिस सेंचुरी से चयनित किये गये हैं। एलिजाबेथ काल की सौलहवीं शताब्दी से २१ वीं शताब्दी के उत्तर आधुनिक काल

तक के प्रतिनिधि ४६ आंग्ल भाषा कवियों की विविध संरचनाओं से युक्त ६७ सोनेट को अनूदित किया गया है जो भिन्न - भिन्न काल खंड़ों में अपने निहित सौंदर्य व सार्वभौमिकता के फलस्वरूप कालजयी सिद्ध हुये अस्तु देश काल की सीमा से परे लोकप्रिय भी। विलियम शेक्सपियर, एलिजाबेथ बैरेट ब्राउनिंग और दांतें गैब्रियल रोजेट्टी के सोनेट पर उनके व्यक्तित्व की गहन छाप होने के कारण, वे विशिष्ट अभिरुचि जाग्रत करते हैं।

तथ्य तो यही है कि विलियम शेक्सपियर, विलियम वर्ड्सवर्थ, एलिजाबेथ बैरेट ब्राउनिंग और दांतें गैब्रियल रोजेट्टी का सोनेट विधा के विकास में सर्वाधिक उल्लेखनीय व अविस्मरणीय योगदान रहा है।

इस संग्रह में कवियों के नामों को उनके जन्म वर्ष के अनुक्रम में रखा गया है जिससे कि संग्रह को किसी अन्य साधनों की तुलना में अधिक विविधता, स्फूर्ति व रोचकता प्रदान की जा सके।विभिन्न कालों के सोनेट सम्राट शेक्सपियर सहित पैंतालीस कवियों के उत्कृष्ट सोनेट का चयन करना जितना श्रम साध्य कार्य था उससे भी अधिक दुष्कर था उनकी महान कृतियों को अनूदित करना। अंग्रेजी से हिंदी में विविध संरचनाओं की सोनेट रचनाओं का व्यापक स्तर पर अनुवाद का यह निसंदेह ही अभिनव प्रयास है जो मुझ अकिंचन द्वारा किया गया है । यह लघु मानव के द्वारा महासागर को लांघने का दुस्साहसिक उपक्रम समान ही था मेरे लिए।

इस सृजन का उद्देश्य हमारे देश की राष्ट्र भाषा हिन्दी के माध्यम से वर्तमान व भावी पीढ़ी को सोनेट विधा में रचे गए उत्कृष्ट व दुर्लभ साहित्य व महान साहित्यकारों से परिचित कराना है।

यह संग्रह मेरी ओर से विनम्र श्रद्धांजलि है उन दिवंगत महान साहित्यकारों को जो नक्षत्र के रूप में अमर होकर साहित्य नभ को आलोकित कर रहे हैं। सोनेट को हिंदी भाषा में अनूदित करते हुए यह यथासंभव प्रयास किया गया है कि रचना में निहित मूल भावों की ही अभिव्यक्ति हो फिर भी यदि कोई त्रुटि रह गई हो तो कर बद्ध क्षमा प्रार्थी हूँ। सोनेट को बोधगम्य और सरस बनाने का मेरा प्रयत्न कितना सफल रहा है यह निर्णय मैं सभी सुधी पाठकों पर छोड़ता हूँ।

मैं सोनेट्स आफ दिस सेंचुरी के संकलनकर्ता स्व. कवि विलियम शार्प को श्रद्धासुमन अर्पित करते हुए, प्रकाशक वाल्टर स्काट लिमिटेड़, पेटरनास्टर स्क्वेयर, लंदन का हार्दिक आभार व्यक्त करता हूँ। मैं ऋणी हूँ साहित्य मर्मज्ञ अपने पूज्य

पिताजी स्वर्गीय सच्चिदानंद जी औदिच्य के प्रति जिन्होंने अंग्रेजी साहित्य की श्रेष्ठ कृतियों के साथ यह बहुमूल्य सोनेट संग्रह मुझे धरोहर के रूप में सौपा जिसका सदुपयोग कर पाने में समर्थ हो सका हूँ। मैं उनकी पुण्यात्मा के चरणों में कोटिश: नमन करते हुए श्रृद्धावनत हूँ।

मैं अनन्य कृतज्ञता ज्ञापित करता हूँ सोनेट विधा में दक्ष हिंदी कवियित्री अनिमा दास जी के प्रति जिन्होंने मुझे प्रेरित करते हुए मेरा निरंतर उत्साह वर्धन किया।प्रेरणा के अभाव में इस दिवा स्वप्न को साकार कर पाना मेरे लिये कदाचित् संभव नहीं था।

मैं अत्यंत आभारी हूँ परम सम्माननीय महान ओड़िआ साहित्यकार आदरणीय श्री सत्य पट्टनायक जी का जो सोनेट विधा के कुशल कवि होने के साथ ही इस विधा को सतत लोकप्रिय बनाने हेतु निरंतर प्रयासरत है। और मैं कृतज्ञ हूँ ब्लैक ईगल प्रकाशन, भुवनेश्वर का जिसके सक्रिय सहयोग और समर्थन से ही यह संग्रह मूर्त रूप ले सका है।

आशा है कि सुधी पाठक 'प्रतीची से प्राची पर्यंत' को अपना आशीर्वाद एवं स्नेह प्रदान करेंगे।

इति शुभम्

आपका स्नेहाकांक्षी

विनीत मोहन औदिच्य

शांति विहार कालोनी, सागर, मध्य प्रदेश, भारत

चलित भाष- 7974524871

अणु डाक- v.maudichya@yahoo.com

एडमंड स्पेंसर (1552-1599)

एडमंड स्पेंसर एलिजाबेथ काल के प्रमुख साहित्यकार हैं। इनकी सोनेट श्रृंखला 'अमोरेट्टी' वर्ष १५९५ में प्रकाशित हुई जो उनकी प्रेमिका, कालांतर में पत्नी एलिजाबेथ बोयेल को समर्पित है। इनकी विशिष्ट संरचना को स्पेंसरियन सोनेट के नाम से जाना गया।

एक दिन लिखा मैंने उसका नाम
(वनड़े आई रोट हर नेम)

रेत पर लिखा मैंने उसका नाम एक दिन हाथ से
परंतु बहा कर ले गयीं उसे अचानक तीव्र लहरें
दूसरे हाथ से लिख दिया मैंने उसका नाम फिर से
फिर से बना ले गयीं अपना शिकार पीड़ा को भँवरें ।

उसने कहा तू व्यर्थ ही करता रहता अथक प्रयास
जो नश्वर है उसे अमर कदापि किया जा सकता नहीं
मैं स्वयं चाहूँ क्षरित होना छोड़कर जग की उजास
लिख कर मिटाया गया मेरा नाम उभर सकता नहीं ।

मैंने कहा नहीं है तुम्हारा नष्ट होना कदाचित् आसान
धूल मिलेंगी सारी तुच्छ वस्तुएं अमर होगी ख्याति
तुम्हारे दुर्लभ गुणों को मेरी कविता बनायेगी महान
स्वर्ग में चमकेगी तुम्हारे नाम की अलौकिक ज्योति ।

जहाँ एक ओर मृत्यु करेगी सकल संसार का दमन
वहीं हमारा प्रेम रहेगा अमर, मिलेगा उसे नव जीवन ।।

सैमुअल ड़ेनियल (1562-1619)

कवि की 'डेलिया' नामक सोनेट श्रृंखला १५९२ में प्रकाशित की गयी। यह सोनेट विलियम शार्प के सोनेट्स आफ दिस सेंचुरी, १८८६ से लिया गया है।

निद्रा के लिए
(टू स्लीप)

काली रात्रि के तनय, सुश्रूषा सम्मोहक विश्राम
मौन अंधकार में उत्पन्न, मौत के भ्राता
लौटा दो प्रकाश को, दो मेरी थकान को आराम
अंधियारे के संग, मेरे दायित्व का विस्मरण आता।

दिवस के पास हो, शोकाकुल होने को पर्याप्त समय
मेरी दुस्साहसी युवावस्था का पोत हुआ नष्ट
जागती आँखें अपने रोदन से करें घृणा का उदय
रात्रि के असत्य के बिना झेला पीड़ा का कष्ट।

दिवा कामनाओं के प्रतिबिंबों सदृश स्वप्नों, ठहरो!
भविष्य की भावनाओं को देने के लिए स्वरूप
उदीयमान रवि कभी न स्वीकृत करे तुम्हें मिथ्या भाषियों
मेरी पीड़ा में करने अभिवृद्धि, अतिरिक्त दुख कुरूप।

फिर भी मुझे सोने दो, व्यर्थ मेघों का आलिंगन कर मरने
जिससे कभी भी न जागूँ, दिन की घृणा की अनुभूति करने।।

माइकेल ड्राइटन (1563-1631)

विलियम शेक्सपियर से अत्यधिक प्रभावित। अपनी प्रेमिका ऐना को समर्पित सोनेट श्रृंखला 'आइड़िया' जो १५९२ में प्रकाशित हुई, उसी से यह सोनेट लिया गया है।

एक विदाई

(ए पार्टिंग)

चूंकि नहीं है कोई सहायक, हम लें चुंबन और हों पृथक
नहीं, मैं हूँ आश्वस्त, तुम नहीं हो सकोगी मुझसे संयुक्त
और मैं हूँ आनंदित, हाँ पूर्ण मन से आनंदित अथक
कि इस प्रकार स्पष्टता से मैं स्वयं हो सकता हूँ मुक्त।

सदा के लिए मिला हाथ, हम करें सभी शपथ स्थगित
ताकि जब फिर कभी हम मिलें जो दोबारा
ये सोच, हम में से कोई न दिखाई दे तनिक भी व्यथित
कि पुराने प्रेम का अभी तक है शेषांश हमारा ।

अब अंतिम उसाँस प्रेम की, नवीनतम शेष श्वास
जब उसकी छूटती सी नाड़ी, मौन रहती भावना
जब घुटने मोड़े हुए हो, उसकी मृत्यु शैय्या निकट विश्वास
और उसकी बंद आँखें कर रहीं हो निर्दोषता का सामना ।

अब यदि तुम चाहो, जब सभी कर चुके हों उसे समर्पित
तुम ही हो, जो कर सकती हो, उसे फिर से पुनर्जीवित ।।

■

विलियम शेक्सपियर (1564-1616)

अंग्रेजी साहित्य के विश्वविख्यात महानतम नाटककार व कवि।इटैलियन सोनेट की सरंचना को परिवर्तित कर सोनेट विधा को लोकप्रिय बनाने में अप्रतिम योगदान। अपने संरक्षक मित्र व एक रहस्यमयी ड़ार्क लेड़ी को संबोधित कुल १५४ सोनेट जो वर्ष १६०९ में प्रकाशित हुये

ग्रीष्म ऋतु के दिवस से क्या करूँ तुम्हारी तुलना-१८

(शैल आई कम्पेयर दी टू ए समर्स ड़े)

ग्रीष्म ऋतु के दिवस से क्या करूँ तुम्हारी तुलना
पर तुम हो अधिक सुन्दर और अत्यधिक संयमित
मई मास की कलिकाओं का, शुष्क हवाओं से झरना
ग्रीष्म काल अवधि भी तो होती, अत्यंत संकुचित ।

कभी कभी दिवाकर के प्रखर आलोक का चढाव़
रह रह कर मंद पड़ती उसकी, सुवर्णमयी विभा
प्रत्येक सुंदर वस्तु पर होता, क्रूर काल का प्रभाव
कभी भाग्य, कभी प्रकृति परिवर्तन, मंद करे प्रभा ।

पर नहीं कुम्हला सकेगी, तुम्हारी शाश्वत सुंदरता
सौंदर्य पर सदैव रहेगा, तुम्हारा निर्विवाद प्रभुत्व
नहीं बना सकेगी ग्रास तुम्हें, मृत्यु रूपी नश्वरता
बढ़ते समय संग होगा, काव्य में अमर अस्तित्व ।

जब तक जग देखें नयन, मानव लेता श्वाँस
जीवित रह कर हो अमर, है अखंड़ विश्वास ।।

■

सच्चा प्रेम
(टू लव) - सोनेट नं-११६

सच्चे प्रेमियों के मिलन की बाधाएं, नहीं करूँ स्वीकार
नहीं है वह वास्तविक प्रेम जो लाता, किंचित परिवर्तन
प्रतिकूल कोमल क्षणों में करता, समर्पण होकर लाचार
प्रिय के विमुख होने पर व्याकुल हो,करे क्रंदन अंतर्मन।

ओह ! नहीं है यह प्रेम, चिर स्थायित्व का चिन्ह
जो आँधी तूफानों में घिर कर, नहीं कभी सिहरता
भटके हुए जहाज का, यही सितारा है मीत अभिन्न
जिसकी मापन योग्य है ऊँचाई, अज्ञात उपयोगिता ।

सच्चा प्रेम नहीं होता कभी, अनिश्चित समय का दास
यद्यपि समय के हंसिये से घटता, सुंदरता का प्रभाव
अल्प काल से न बदले, प्रेम की स्थिर प्रकृति का वास
न्याय के दिन के कगार पर भी, न डिगे इसका स्वभाव।

यदि होता है मेरा कथन, प्रमाणित जो मिथ्या
तो नहीं मैं कुशल कवि, न कोई प्रेमी यहाँ सच्चा ।।

सुंदरतम प्राणियों से हम चाहते सुंदर सृजन
(फ्राम फेयरेस्ट क्रीचर्स वी डिजायर इनक्रीज) सोनेट - १

सुंदरतम प्राणियों से हम चाहते सुंदर सृजन
ताकि मनमोहक सौंदर्य रहे विश्व में संरक्षित
युवा उत्तराधिकारी करे मधुर स्मृतियों को वहन
पितृ अवसान के अनंतर संसार हो न वंचित।

परंतु तुम स्वयं के सौंदर्य से ही मंत्रमुग्ध हो रहे
मोम के प्रकाश जैसे करते हो स्वयं का भक्षण
जहाँ है प्रचुरता, वहाँ कृत्रिम न्यूनता सिद्ध कर रहे
स्वभाव तज, निर्दयी रिपु सा, छेड़ते स्वयं विरुद्ध रण।

तुम ही तो हो इस संसार का नवीनतम अलंकार
एकाकी वाहक हो जो लाता अद्भुत ऋतुराज बसंत
स्वयं के अविकसित सौंदर्य से संतुष्ट, पाले अहंकार
होकर असभ्य करते हो, अपव्यय प्राप्त संपदा अनंत।

मत छीनो अनमोल धरोहर, करो विश्व पर उपकार
अन्यथा अवांछनीय लोलुपता, देगी समाधि, कर संहार।।

नन्हा प्रेम देवता

(लिटिल लव गॉड़) सोनेट - ११८

नन्हा प्रेम देवता कामदेव था एक बार लेटा हुआ सोया
उसके पास ही रखी थी हृदय प्रज्जवलित करती मशाल
जब सभी अप्सराओं ने पवित्र जीवन जीने का प्रण बोया
आयी पास बिना शोर किये,गही शुद्ध ज्योति हाथ विशाल ।

सुंदरतम उपासिका ने उस अग्नि को सहज उठाय
जिसने असंख्य प्रेमी सैनानियों के हिय को दी उष्णता
और तप्त कामना के सेनाध्यक्ष को निद्रा ने सुलाया
एक कुँवारी परी ने की उसे निशस्त्र करने की धृष्टता ।

इस मशाल को बुझा दिया उसने शीतल झरने में
जिसने उस प्रेमाग्नि से किया ग्रहण ताप शाश्वत
जिसका औषधीय जल उपयोगी उपचार करने में
किंतु प्रिया ! रुग्ण लोगों के लिए मैं हूँ आहत

जब स्वयं उपचार हेतु आया तो मैं यह सिद्ध करता
प्रेमाग्नि जल को करती तप्त जल प्रेम को न दे शीतलता ।।

■

आत्मा का विस्तार

(द एक्सपेंन्स आफ स्पिरिट) सोनेट नं- १ २ ९

अत्यंत लज्जा जनक होता व्यापक शक्ति का व्यर्थ क्षरण
संभोग की इतिश्री से रतिक्रिया अंत तक वासना रहे पास
निर्मम कामुकता कराती वचन भंग, दोषारोपण, लाती मरण
असभ्य, अतिरंजित, जंगली, जिस पर न हो सकता विश्वास ।

सुखानिभूति उपरांत अविलम्ब उपजाती अप्रिय विरक्ति
पूर्व में खोजी जाती व्यग्रता से, लक्ष्य सिद्धि उपरांत
होती कारक घृणा का, ज्यों मत्स्य की प्रलोभन अनुरक्ति
जो जाल बिछाया जाता प्राप्त कर्ता को करने अशांत ।

अनुसरण और प्राप्ति में करती है ये वासना उन्मत्त
पाकर, पाते हुए और पाने की खोज में टूटती हर सीमा
प्राप्ति कराती स्वर्गीय अनुभूति, लाती व्यथा हो कर प्रदत्त
पूर्व में संभावित आनंद, समाप्ति पर शेष रहता स्वप्न धीमा।

विश्व को है सर्व विदित, फिर भी कोई न जान पाता !
त्याग देता मनुज स्वर्ग जो इसे नर्क द्वार तक ले जाता।।

■

जॉन डन (1572-1631)

सुप्रसिद्ध आत्म विषयक व प्रेम के कवि। वर्ष १६३५ से १६३९ के मध्य सोनेट श्रृंखला होली सोनेट्स प्रकाशित

यह है मेरे नाटक का अंतिम दृश्य
(दिस इजमाय प्लेज लास्ट सीन)

यह है मेरे जीवन के नाटक का दृश्य अंतिम
कर दिया ईश्वर ने तीर्थ यात्रा का तय चरण
प्राप्त अवधि का अंतिम इंच मिनट का क्षण
सुस्त पर तीव्र गति से दौड़ा है लक्ष्य सुगम।

लालची मृत्यु खोलती काया व आत्मा प्रथम
मैं मिलूँगा निद्रा से जिसका दीर्घ रूप है मरण
जाग्रत काया अंग देखेंगे उसका रूप हर क्षण
जिसका भय हिला देता है अंग प्रत्यंग अप्रतिम।

मेरी प्रमुदित आत्मा स्वर्ग की ओर भरती उड़ान
धरा पर जन्मा मेरा शरीर छूट जायेगा धरा पर
नरक की ओर खींचेंगे मुझे जन्मे पाप यहाँ पर
और मेरे पीछे छूट जायेंगे मेरे पापों के निशान।

मुझे पापों से शुद्ध कर मेरी न्याय प्रियता का दो प्रमाण
तब तन और शैतान से मुक्त मैं करूँ भव सागर से प्रयाण।।

गर्व मत करो मृत्यु
(डेथ बी नाट प्राउड)

ओ मृत्यु ! क्यों कर है गर्व अपनी शक्ति पर तुझे
नहीं हो तुम बिल्कुल भी सशक्त भय प्रदायक
सभी मानते हैं कि तुम आ जाती हो यकायक
मार नहीं सकतीं तुम किसी को भी और न मुझे।

विश्राम और निद्रा तुम्हारी ही तो अभिव्यक्ति लगे
तुम्हारी अनुभूति सदैव प्रतीत होती सुखदायक
हमारे सर्वश्रेष्ठ प्राणियों की हो तुम्ही मुक्तिदायक
उनकी अस्थियों को विश्रांति उद्धार की आस जगे।

भाग्य संयोग सम्राटों और निराश व्यक्तियों की दास
विष, संग्राम, व व्याधियों में आयी हो निवास करती
जादू और अफीम भी तो हमें गहरी नींद से हैं भरती
मिथ्या है अहं, तुम्हारे आघात से है श्रेष्ठ, बुलाते पास।

एक संक्षिप्त निद्रा के पश्चात, अमरता में हम जाते जाग
हे मृत्यु नहीं रहोगी शेष, स्वयं मरोगी फिर जाओगी भाग।।

∎

जॉन पायने (1600-1678)

जान पायने एक उच्च स्तरीय कवि रहे हैं। उनके सोनेट्स की समालोचकों ने बहुधा प्रशंसा की है। इन्टेग्लिओस और लउट्री व न्यू पोइम्स उनकी कृतियां हैं।

बिन जिया जीवन

(लाइफ अनलिव्ड़)

कितने अधिक माहों, कितने अधिक वर्षों का विस्तार
दिवसों के मुहाने पर कबसे मेरी आत्मा है खड़ी
विश्वासघाती धुंध में तनावग्रस्त धुंधली आँखें बड़ी
समीप और दूर जीवन प्रारंभ होने के संकेत लिए साकार।

मात्र परछाई सी पसरी हुई है भूरे रंग की नीहार
आशाओं की सीमाओं से परे व्यतीत हुये मार्गों में पड़ी
मेरी दृष्टि को प्रतीत होते पीत पिशाचों की टोली उड़ी
आसन्न आशा और भय की पूर्व सूचनाओं की भरमार।

अंततः जीवन उठ खड़ा होगा निश्चित कहा मैंने स्पष्ट
मुझे बुहार कर ले जायेगा लीला और आनंद से
किंतु मेरे यह कहते ही विस्फोट से कंपित हुआ अपशिष्ट।

चीत्कार और कोलाहल पूर्ण रोमांचकारी द्वंद से
पतित हुई रात्रि मुझ पर, हुए सब शांत अंतर्द्वन्द से
एक मंद स्वर ने कहा मुझसे, बीता है जीवन होकर नष्ट।।

■

जॉन मिल्टन (1608-1674)

नैतिकता वादी युग के प्रमुख साहित्यकार कालजयी महाकाव्य पैराड़ाइज लास्ट के रचयिता। अभिव्यक्ति की स्वतंत्रता के पैरोकार।इटैलियन सोनेट विधा को इंग्लैंड़ में पुनजीर्वित किया आकस्मिक अवसरों पर सोनेट सृजन

अपने अंधत्व पर

(आन हिज ब्लाइंड़नैस)

जब भी मैं हूँ सोचता कि कैसे नेत्र ज्योति गई रीत
जीवन के मध्याह्न से पूर्व इस विस्तृत संसार में
और वह प्रतिभा जिसे छुपा कर मृत्यु करती अधिकार में
यद्यपि मेरी आत्मा होती विनम्र, मैं हो अनुपयोगी रहता सभीत।

सदा सेवा हेतु उद्यत मैं करूँ प्रेम, ईश मान सच्चा प्रीत
प्रस्तुत करता हूँ कर्म लेखा, प्रताड़ना पूर्व उसके दरबार में
क्या वह करे अपेक्षा श्रम की, प्रकाश वंचित से उपहार में
मेरे प्रेम पूर्वक ईश्वर से पूछने पर, यही होता मुझे प्रतीत।

किंतु धैर्य, रोक मंद स्वर कहता, नहीं है वह चाहता
या तो मानव से कार्य या उसके स्वयं के उपहार
हैं श्रेष्ठ सेवक वो भी उसके हल्के जुये को हैं सहते।

ईश्वरीय साम्राज्य की विराट और अप्रतिम है भव्यता
प्रभु आज्ञा से हजारों दूत भू से सागर तक उठाते कार्य भार
वे भी करते हैं सेवा जो कर बद्ध खड़े प्रतीक्षा रत रहते।

■

कितनी शीघ्र समय
(हाउ सून हैथ टाइम..)

कितनी शीघ्र युवावस्था को सूक्ष्म चोर ये समय चुराता
उड़ा ले गया सुदूर मेरे तेइस वर्ष अपने पंख धर
मेरे अवसरों से भरपूर भागते दिवस शीघ्र उड़कर
किंतु न कोई कली या पुष्प मेरा विलंबित बसंत दिखाता।

संभवत: मेरा बाह्य रूप सत्य को भ्रमित कराता
कि मैं पहुँच गया हूँ अत्यंत समीप पुरुषत्व पर
और मेरी आंतरिक परिपक्वता दृष्टिमान होती अल्प भर
अधिक काल तक प्रसन्न आत्माओं का साथ निभाता।

यद्यपि हो न्यून या अधिक या विलंब या शीघ्रता से
किंतु फिर भी समान होगी इसकी कठोरतम माप
कितना निम्न हो या उच्च, पर होगा भाग्य समान।

जिस ओर ले जाता मुझे काल या ईश्वर इच्छा से
सभी का मेरे उपयोग करने हेतु यदि कृपालु हैं आप
वों है कार्य लेने वाले मेरे स्वामी की दृष्टि में महान ।।

विलियम वर्ड्सवर्थ (1770-1850)

रोमांटिक युग के पुरोधा। प्रकृति प्रेमी विश्व प्रसिद्ध आंग्ल कवि। सोनेट विधा के महान रचनाकार में से एक इक्लेसियास्टिकल सोनेट व डडन सोनेट श्रृंखला के माध्यम से साहित्य में अतुलनीय योगदान

विश्व से अत्यधिक है हमारी आसक्ति

(द वर्ल्ड़ इज टू मच विथ अस)

देरी या शीघ्रता से इस संसार में हैं हम घोर लिप्त
नष्ट करते रहे हैं शक्ति खोने -पाने के सोपानों में
प्रकृति को करते रहे अनदेखा अवांछित वरदानों में
हमने कर लिया स्वयं को घिनौनी वासनाओं से तृप्त।

देखो कर देता जलधि अनावृत वक्ष,राकेश निमित्त
घंटों मचाती रहेंगी शोर, चंचल हवायें बियावानों में
सुप्तावस्था के प्रसूनों जैसे, एकत्रित होंगे बागानों में
इन मधुरिम क्षणों से कदाचित् हम,सदा रहे हैं निर्लिप्त।

नहीं करती प्रकृति हमें अपनी ओर आकर्षित लेशमात्र
मैं छोड़ धर्म पुरातनपंथी मूर्ति पूजक चाहूँगा बनना
और खड़ा रहूँगा अकेले ही सुखद मैदान में मात्र।

देखूँगा सुन्दर दृश्य नहीं चाहूँ एकाकी कभी रहना
*प्रोटियस को सागर से उठते देखने का बनूँगा पात्र
चाहूँगा *ट्राइटन का सुसज्जित बिगुल सतत सुनना।। ■

*प्रोटियस - ग्रीक पौराणिक गाथा में वर्णित एक भविष्य वक्ता समुद्री देवता जो भविष्य देखने और रूप परिवर्तित करने में सक्षम था और सदैव सच कहता था।

*ट्राइटन - ग्रीक पौराणिक गाथा में वर्णित एक समुद्री देवता जो अर्ध मत्स्य और अर्ध पुरुष रूप में शंखनाद कर समुद्र में गर्जना उत्पन्न करता था

अनुबोध

(आफ्टर थाट)

मेरे सहभागी पथ प्रदर्शक मैंने किया तुम्हारा चिंतन
व्यर्थ सहानुभूतियाँ जो अब हो चुकी हैं व्यतीत
ओ *ड्यूड़ान जब मैं देखता हूँ आँखों से अतीत
तब मैं भूत वर्तमान व भविष्य का करता अवलोकन ।

अब फिसलती है धारा निरंतर, रहेगी ये फिसलन
ठहर जाता आकार, न मृत कोई कार्य होता प्रतीत
तब हम साहसी, शक्ति- प्रज्ञा संपन्न आर्य, जाते जीत
हम वो मनुज जो यौवन के प्रभात में, करते उल्लंघन ।

काश ऐसा हो कि सारे अवयव विलुप्त हो जायें
पर्याप्त हो वह शक्ति जो हमारे हाथों में हो निहित
भविष्य में रहने क्रियाशील होने व सेवा करने त्वरित ।

और फिर हम किसी शांति भूमि की ओर जायें
प्रेम विश्वास और आस्था की उत्कृष्ट भेंट सहित
हम अनुभव कर स्वयं को, निज ज्ञान से महान पायें ।।

■

ड्यूड़ान - इंग्लैड़ के उत्तर पश्चिम में ४ ३ किलोमीटर लंबी एक नदी जो कंबरलेंड़ और लंकाशायर की सीमा निर्धारित करती है। इसका अधिकांश भाग लेक ड़िस्ट्रिक्ट में है जिसका सबंध वर्ड्सवर्थ से है।

समय जो है
(द टाइम दैट आर)

ओ मित्र! नहीं जानता मैं, किस ओर देखना है धर्म
क्योंकि मैं जो कि हूँ सुविधा भोगी प्राणी प्रताड़ित
यह चिंतन करना कि हमारा जीवन है वस्त्र आभूषित
प्रदर्शन हेतु, कारीगर रसोइया सफाई कर्मी का निम्न कर्म ।

हमें चाहिए दौड़ना खुली सूरज की धूप होती जो गर्म
चमकीले झरने के सदृश अन्यथा हैं अभिशापित
हम में से सम्पन्नतम व्यक्ति है सर्वाधिक सम्मानित
नहीं करे आनंदित प्रकृति व पुस्तक की भव्यता का मर्म ।

लूट, लालसा, अपव्यय, और यह है मूर्ति पूजन
इन्हीं प्रवृत्तियों की हम करते प्रशंसा साधिकार
नहीं रहा अब साधारण जीवन और उच्च विचार ।

गत हुये अच्छे पुराने कारक का नैसर्गिक सौंदर्य
हमारी शांति, हमारी भयग्रस्त निर्दोषता गहन
घरेलू नियमों में श्वाँस लेता पवित्र धर्म व धैर्य ।।

■

मत करो सोनेट से घृणा

(स्कोर्न नाट सोनेट)

आलोचक मत करो घृणा सोनेट से, तुमने की भौहें संकुचित
इसके सम्मानों से रह कर अनभिज्ञ, इसकी ही मंजूषा से
*शेक्सपियर ने खोले हृदय कपाट,संगीत की ऊष्मा से
इस नन्हीं बांसुरी ने *पेट्रार्क के घाव भर, किया आनंदित।

सहस्त्रों बार इस मुरली को *तासो ने किया गुंजित
इसी से *केमन्स ने पायी निर्वासन के दुख में विश्रांति
सोनेट ने ही द्विगुणित की, हर्षित मेंहदी पत्ती की कांति
सुरद्रुम वृक्षों के मध्य में जिससे *दाँतें हुआ सुशोभित।

उसकी दूर दृष्टा भौहें ,एक खद्योत प्रकाश जगमगाता
इसने परी देश से आव्हान कर *स्पेंसर को दिया हर्ष
फिर *मिल्टन के पथ पर गिर उसके हाथों में सुहाता
जब फैली नमी अंधेरे मार्गों से करने के लिए संघर्ष।

उसके बजाते ही यह सोनेट, बन गया बिगुल मधुर
आह! अति दुर्लभ आत्मा जाग्रत करता संगीत मदिर ।।

■

*एस्टेरिक से प्रदर्शित समस्त सुप्रसिद्ध कवि गण है जिन्होंने सोनेट विधा को लोकप्रिय बनाने में अप्रतिम योगदान दिया

सैमुअल टेलर कालरिज (1772-1834)

कुबला खान, ड़िजेक्शन ओड़ और क्रिस्टाबेल जैसी रचनाओं के सृजन के लिए विख्यात रोमांटिक कवि एवं समालोचक। कल्पना के सिद्धांत का प्रतिपादन। यह सोनेट, विलियम शार्प की 'सोनेट्स आफ दिस सेंचुरी' १८८६ से चयनित किया गया है।

प्रकृति के लिये
(टू नेचर)

वास्तविक होगी मेरी ये अद्भुत कल्पना
करूँ निर्मित वस्तुओं को पाने का प्रयास
गहरी हृद झूलती प्रसन्नता मिले अनायास
सजे चहुँ ओर फूल पत्तियों की अल्पना।

प्रेम के पाठ और शील की हर आहट सुनना
यदि उपहासी विश्व को नहीं है किंचित विश्वास
न ही भय, दुख लाता तनिक घबराहट संत्रास
किंचित मन भी नहीं होता फिर अनमना।

मैं बनाऊँगा बलि वेदी खुले मैदानों में
जंगली पुष्प से जो मधुर सुगंध निकलती
लगाऊँ पर्देदार गुंबद नीले आसमानों में।

बन जाऊँगा मैं स्वयं भी एक गंध मदमाती
तुम भी नहीं कर सकोगे घृणा हे ईश्वर
मैं भी हूँ पुजारी बलिदान का परमेश्वर।।

जॉन होब्गेन (1783-1885)

कवि की कविताएँ प्रतिष्ठित मैग्जीन स्पेक्टेटर सहित कई साप्ताहिक जर्नल्स में प्रकाशित हुई हैं। चयनित सोनेट विलियम शार्प के सोनेट्स आफ दिस सेंचुरी से लिया गया है।

सत्य और सौंदर्य

(ट्रुथ एंड़ ब्यूटी)

प्रकृति और जीवन में करती हैं दो आत्मायें वास
एक सच्चाई की आत्मा दूसरी सुंदरता की आत्मा
जिनके लिये बिना विश्राम के हम करते सतत प्रयास
जाता है दुर्भावनाओं और दुखों से होकर रास्ता ।

आलोचना तिरस्कार से लजाये मुंह लिए मानव खोजते
आज भी अंतर में पाने का सतत उपक्रम करते इन्हें
खोजने और जन्म लेने की विधाएँ आत्मा जाने जिन्हें
वसुंधरा के समस्त विषादों और पापाचारों को सहते।

फिर भी नैसर्गिक सुंदरता को देखकर चेहरे पर
हम सशक्त दैवीय आनंद से जाते हैं उसे पहचान
पा जाते अपने अस्तित्व का एक अंश तलाशने पर।

उसकी चमकीली आँखों में अपनी मंद छाया का भान
अरुचिकर कठोर नियम नहीं होगा पृथकता का कारक
क्योंकि यहाँ सुंदरता है सच्चाई और सच्चाई है सुंदरता।।

■

चार्ल्स स्ट्रांग (1785-1864)

इस सम्माननीय कवि के सोनेट का चयन वर्ष १८३५ में प्रकाशित संग्रह सोनेट्स से किया गया है

समय के लिए

(टू टाइम)

विस्तृत खंड़हरों के मध्य में मैं आनंदित हूँ होता
लोग देखते हैं तुम्हारे ध्वस्त काले साम्राज्य को
व्यर्थ ही तुम्हारी लहरें टकराकर आंदोलित करती शांत तटों को
जहाँ मनुज का अहं तुम्हारे ज्वार पर वक्र भृकुटी करता ।

गहरा धरातल लिए पिरामिड अपना बदलते स्थान
प्रभावहीन हो चला है तुम्हारा पुराना ऊर्जावान प्रवाह
लूसियाना के मंदिर प्रदर्शित करते हैं संग्रह अथाह
स्तंभों और बरामदों में गर्वीला झलकता है मान ।

नहीं होता कम आनंद जब लेकर शरण तुम्हारे तूफानों की
वसुंधरा को देखा वक्ष से अकूत संपदा उगलते हुए
विशालकाय प्रस्तरों में बेजोड़ शिल्पकला आकारों की ।

अक्सर किया है मैंने तुम्हारा उपहास टहलते हुए
जगमगाते दरबार में जहाँ जाग्रत है आत्मा देवी की
जहाँ सौंदर्य से होता स्तब्ध ईश्वर भी कसमसाते हुए ।।

■

औब्रे डि वियर जूनियर (1814-1902)

अपने पिता के पदचिन्हों पर चलते हुए ड़ि वियर उनके सुयोग्य उत्तराधिकारी सिद्ध हुए। विलियम वर्ड्सवर्थ और कोलरिज से प्रभावित। उनके सोनेट १८८४ में विभिन्न संग्रहों में प्रकाशित हुये साथ ही १८८८ में सोनेट संग्रह सेंट पीटर्स प्रकाशित हुआ।

उसकी सुंदरता

(हर ब्यूटी)

उसके चेहरे पर ठहरी हुई है उनींदी सी सुंदरता
एक चमकीली ग्रीष्म ऋतु की शांति और प्रार्थना
उसके स्थिर नयनों में गोचर है सम्मोहक स्थिरता
न ही कोई चिंता, न ही कोई कष्ट प्रद यातना ।

उसके गोरे माथे और होठों पर शांति भाव का विराजना
मंदिरों में रहती है श्रद्धा की हीनता,
दैवीय प्रेरणा का उत्साही दृष्टा को सजग रहने को कहना
तदपि उसके वक्ष में प्रेम निवास करता ।

भयावह रात्रि निष्कलंक सौंदर्य के संग संग रहती
निवास करती वहाँ आशावादी प्रेमी की बुद्धिमत्ता
वह कोई स्वयं में खोयी अनजाना सा संगीत सुनती ।

सितारों के जगत का अद्वितीय संगीत बुनता
नव सुंदरतम उत्कृष्ट सी भेंट प्रतीक्षित होती
और स्वर्ग से उसके ऊपर श्वेत वर्ण कपोत उतरता ।।

■

जॉन कीट्स (1795-1821)

इस विश्व विख्यात रोमांटिक आंग्ल कवि ने काव्य विधा ओड़ के अतिरिक्त बहुत ही सुंदर ५१ सोनेट भी लिखे हैं।इसकी बानगी चयनित सोनेट रचनाओं में देखी जा सकती है।

समाप्त हो गया है दिन

(द ड़े इज गोन)

ढल गया है दिन साथ ही इसकी सारी मधुरता भी
मधुर स्वर , होंठ, कोमल हाथ व उरोज विशेष
उष्ण श्वाँस, मंद फुसफुसाहट, मद्धम ध्वनि की मृदुलता भी
चमकीले नयन, सुघड़ आकृति, लचीला कटि प्रदेश ।

कुम्हला गया है कोमल पुष्प और उसका सौंदर्य अंकुरित
मेरी आँखों से किंचित धुंधला गया है सुंदरता का दृश्य
हो गयी है देखो सौंदर्य की मूर्ति मेरी बाँहों से स्खलित
स्वर, उष्णता, गोरापन और स्वर्ग भी हुआ है अदृश्य ।

संध्या की विदाई पर विलुप्त हुआ, सब कुछ असमय
गो धूलि बेला या पवित्र रजनी का दुखद अंतराल
मदमाती सुगंध से आवेष्टित प्रेम लगता बुनने दुखमय
गुप्त आनंद के लिए, गहन तम अंधकार का जाल ।

परंतु मैंने पढलिया है, प्रेम प्रार्थना ग्रंथ आज दिवा में
देख मेरा व्रत और उपासना, प्रभु सोने देगा चिर निद्रा में ।।

■

आज रात मैं क्यों हँसा ?

(व्हाई डिड आई लाफ टू नाइट)

आज रात क्यों हंसा मैं, नहीं कोई तुम्हें बतायेगा
न ही ईश्वर न ही दानव, तुम्हें दे सकेगा प्रतिउत्तर
न ही स्वर्ग या घोर नरक से, कोई भी स्वर आयेगा
तब मैं मुडूंगा एक बार तुम्हारी ओर मेरे ह्रदय मानव ।

ओ ह्रदय! तुम और मैं ही हैं यहाँ एकाकी, अति उदास
ओ मानवीय पीड़ा! बताओ ना अंततः मैं क्यों हंसा ?
ओ अंधकार ! तुम्हीं कहो कैसे रोकूँ आह साप्रयास ?
स्वर्ग, नरक और ह्रदय से अनुचित प्रश्न कर मैं फंसा ।

आखिर मैं क्यों हंसा ? अस्तित्व की सीमा है मुझे ज्ञात
मेरी कल्पना में तो प्रसन्नता चरमोत्कर्ष तक है फैलती
फिर आज अर्ध रात्रि के बाद, मैं नहीं देखूँगा प्रभात
मेरी दृष्टि विश्व के भव्य ध्वजों को चिरा हुआ देखती ।

हैं वास्तव में अति तीव्र, मधुर छंद, ख्याति व सुंदरता
पर मृत्यु है तीव्रतम, सिद्ध करती जीवन की नश्वरता ।।

■

शलभ और झींगुर

कभी नहीं मरती धरा की कविता
जब पक्षी समूह होता बेसुध सूर्य के ताप से
झाड़ियों और चारागाह में गूँजते स्वर आलाप से
और छायादार वृक्षों में शीघ्र जा छिपता ।

वह रहा शलभ जो कुशल नेतृत्व करता
नहीं होता कभी संतुष्ट विलासिता के पाप से
किसी जंगली बीज नीचे पाता विश्राम संताप से
होकर आनंदित जब कभी वह मौज से थकता ।

धरा की कविता जारी रहती है अनवरत
शरद की एकाकी संध्या पर जब बर्फीला तुषार
गढ़ता है मौनता, चूल्हे से कर्णवेधी स्वर में ।

गूँजता झींगुर गान जब बढ़ाता है उष्णता सतत
और प्रतीत होता अर्धतंन्द्रा में खोया निर्विकार
एक शलभ का गीत, तृण के मध्य शिखर में ।।

हार्टले कालरिज (1796-1849)

सुप्रसिद्ध कवि सेमुअल कोलरिज की सुपुत्री हार्टले अपने पिता के बजाय कवि वर्ड्सवर्थ से अत्यधिक प्रभावित रहीं । उनके सोनेट में कोमलता और सुन्दरता का अद्भुत सम्मिश्रण है।

रात

(नाइट)

हो गये ठंड़े चूल्हे पर अंगार चटखते
घरेलू कार्य का हो चला है शांत शोर
लग गयी कुन्ड़ी भी खिड़की की ओर
नन्हे पक्षी नहीं अन्न के अंबार देखते ।

मौनता ओढे पुष्प बड़े शान से गिराते
घर के झरने ड्डुलसेट के स्वर से भरते जोर
सूनी आशा सुन रात भयावह कहती चहुँ ओर
निस्तब्धता को प्रसून रात भर महकाते ।

कदाचित् वह निद्रा में ले रही आलाप
सिमट कर स्वर बातूनी हो गये अब शांत
कोमल तुहिन कण कर उठे हैं विलाप ।

काश मैं भी होता स्वप्न दृष्टा संभ्रांत
जैसे गोरी सुंदरी निमित्त प्रेमी का प्रलाप
उसके कोमल उर बसी मूर्ति करती क्लांत ।।

■

थामस हुड़ (1708-1845)

यह सुंदर सोनेट प्रमाणित करता है कि थामस हुड़ न केवल अत्यंत प्रसिद्ध हास्य और कल्पना शील लेखक ही नहीं थे वरन वह काव्य प्रतिभा के भी धनी थे।

मृत्यु
(डेथ)

सुवक्ता श्वाँस की जब होगी अंतिम मौन उड़ान
तो उच्छवास में कदापि नहीं होगी मृत्यु निहित
कभी कभी चमकते सितारे जो करते हैं आव्हान
दिव्य प्रकाश में रवि के, रात्रि में हो जाते तिरोहित ।

यह तप्त जाग्रत काया शांति से हो जायेगी नष्ट
और जीवन के रक्ताभ झरने भूल जायेंगे बहना
फिर चिंतन शीलता से होना होगा पथ भ्रष्ट
अमर आत्मा को होगा अपरिचित मिट्टी में लेटना ।

यह सत्य जान लेना ही नहीं है अंतिम मरण
किंतु नव समाधियों पर जा, जानना पवित्र विचार
मानो पावन तीर्थ यात्रा की लेना हो पूर्ण शरण
जब बहुधा जाना बंद होगा चिंतन का लगातार।

तब अतीत के झरोखों पर लहरा उठेगी घास
और मनुज मन में नहीं रहेगा जीने का विश्वास।।

ऐलिजाबेथ बैरेट ब्राउनिंग (1809-1861)

स्वच्छंदता वादी काल की निसंदेह ही शीर्षस्थ कवियित्री। इनके द्वारा रचित पुर्तगीज सोनेट्स आंग्ल भाषा के सर्वोत्तम सोनेट हैं जो सच्चे प्रेम की अभिव्यक्ति के साथ उनके प्रभावी व्यक्तित्व की अमिट छाप भी छोड़ते हैं।

पुर्तगीज से सोनेट
(सोनेट्स फ्राम पुर्तगीज) - ३०

ओ प्रिया! जानती हो कितना प्रेम करता हूँ तुम्हें यहाँ
तो मुझे गिनने दो मेरे प्रेम करने के अनेकों प्रकार
हमारे लिए लंबाई, चौड़ाई, ऊँचाई और गहराई है वहाँ
प्रेम जहाँ तक आत्मा की पहुँच लेती है आकार।

करता हूँ तुम्हें प्रेम अंतरिक्ष का अंतिम छोर है जहाँ
कल्पना और दृश्यता के परे अनुभूति सा साकार
मानवीय अस्तित्व व आदर्श सौंदर्य का अंत है कहाँ
अर्यमा दीपक प्रकाश की आवश्यकता सा हर वार।

स्वतंत्र मनुष्य के जैसे अधिकार के लिए संघर्ष रत
करता हूँ विशुद्ध प्रेम तुम्हें मैं प्रशंसा की चाह जैसा
अतीत के दुखों व बचपन की आस्था से भावना रत।

अतीत के साये में कभी मैंने खो दिया था ठीक वैसा
अपनी श्वाँसों स्मित हास व अश्रुओं में रखता हूँ स्मृत
ईश इच्छा से अधिक करूँगा तुम्हें प्रेम मृत्यु के वाद कैसा?

∎

पुर्तगीज से सोनेट
(सोनेट्स फ्राम पुर्तगीज)- २७

यदि तुम मुझे करो प्रेम, तो यह हो केवल निस्वार्थ
यह हो केवल प्रेम के लिए, कभी यह मत कहो
मैं करता उसे प्रेम उसके स्मित हास, सौंदर्य हेतु अहो !
उसके मंद मधुर संभाषण,... युक्ति पूर्ण विचारार्थ ।

जो गिरती हैं मेरे संग कूप में और निश्चित निहितार्थ
ऋजुता की एक सुखद भावना ऐसे दिन सहो
क्योंकि ये सभी वस्तुएं होती परिवर्तित, सार गहो
या बदलें तुम्हारे लिए, गढ़ा गया ऐसा प्रेम यथार्थ ।

न भी बनाया गया हो संभवत: मुझे प्रेम के निमित्त
तुम्हारी प्रिय करुणा पोंछती, मेरे शुष्क कपोल
एक प्राणी विस्मृति में हो सकता है रुदन से निवृत्त ।

देर तक सांत्वना और खो सकता है तुम्हारा प्रेम अनमोल
किंतु तुम करो अधिक प्रेम, प्रेम के लिए, प्रेम में हो प्रवृत्त
तुम जारी रखो करना प्रेम, प्रेम की अमरता के लिए बोल ।।

∎

आत्मा की अभिव्यक्ति
(सोल्स एक्सप्रेशन)

अपर्याप्त ध्वनि और अपने थरथराते अधरों से
मैं प्रयत्न और संघर्ष उचित प्रयोजन के लिए करती
मेरी प्रकृति की रागिनी, दिवस और निशा में भरती
संमिश्रित स्वप्न भावना और विचारों से ।

अंतर्मन को प्रति उत्तर देते हुए समस्त इन्द्रियों से
षष्ठ पदों की रहस्यमयी गह्वरता और उच्चता रहती
जो अनंतता से भव्यता में प्रगट हो सँवरती
उत्तेजक धरातल के अंधियारे किनारों से ।

आत्मा का यह गीत, हो संघर्ष रत मैं करता हूँ सहन
भाव के उत्कृष्ट और संपूर्ण द्वारों से होकर
और वायु में करूँ अपने पूर्ण अस्तित्व का कथन ।

किंतु यदि मैं कर सका, जैसे तड़ित लुढ़क कर
बींधती स्वयं के मेघ को, होगा मेरे मांस का शमन
उसके पूर्व होगी आत्मा की, प्रलय अति भयंकर ।।

लार्ड़ हाउटन (1809-1885)

लार्ड़ हाउटन को युवावस्था के प्रारंभ से ही साहित्य से लगाव रहा। उनकी रचनायें आकर्षक, परिष्कृत और विद्वत्तापूर्ण हैं ।

प्रसन्नता

(हैप्पीनैस)

निराशाओं के बीच ऐसी ही लगती है भव्यता
मेघावरि में चित्र यवनिका में बुना सुनहरा धागा
शव वस्त्र में प्रसन्नचित्त खेलता बच्चा ज्यों लागा
जो प्राण विहीन माता को शैय्या पर लेटा लखता ।

नवविवाहिता के समक्ष पुष्प माल ज्यों सजता
विवाह के वचनों को लेते कांपते रोते साथ मांगा
विद्यालय के विद्यार्थी का सरल मुक्त हास्य जागा
जो अत्यधिक भय से हो अनुबंधित स्वतंत्रता ।

ये सभी हैं हमारी प्रसन्नता के उदाहरण अपरमित
जो न्यून या अधिक हैं हमारे स्वभाव में समाहित
नश्वर प्राणियों में हैं सभी वस्तुओं के भाग भी व्याप्त ।

प्रेम आनंद सौंदर्य सत्य और पूर्ण प्रकाश से भरती
नहीं करती केवल प्रकाशित चकाचौंध भी है करती
वसुंधरा से स्वर्ग का अवलोकन ही तो है पर्याप्त ।।

■

हेनरी एलीसन (1811-1880)

कवि ने दीर्घ काल तक सृजन किया। १८३३ में माल्टा से प्रकाशित मैड़ मोमेंटस काव्य संग्रह में अधिसंख्य सोनेट्स ने स्थान पाया। चयनित सोनेट कवि को प्रतिनिधि रचना है।

सूर्यास्त

(सनसेट)

प्रस्थान करते दिन के पद चिन्ह सुनहरे
निस्तब्ध महासागर से धुंधला रहे हैं
संध्या गगन को बिना आहट करती परे
प्रकाश में वे एक एक कर छुपे जा रहे हैं ।

अपने हजारों गीतों में वसुंधरा सुर भरे
विदा पर्वत श्रृंखलाओं को शीर्ष पर उठा रही है
एक एक कर शीत शिखर भूरे रंग के दिखा रही है
पाने के लिए अंतिम झलक इससे पूर्व कि वो मरे ।

महासागर के किनारे पर लटकता है वलय
अग्र व पार्श्व भाग से है जानुस* सा लगता
और पृथ्वी के संध्या गीत सा हो जाता विलय ।

नये क्षेत्रों पर दूर से है सूर्य चमकता
सुप्रभात के गीतों के साथ होता है उदय
जो दिन और रात के मध्य बड़ी रेखा है खींचता ।।

■

*जानुस - दो चेहरे वाला प्रथम पूज्य रोमन देवता जिसे देवताओं का जनक माना जाता है और जिसके सम्मान में रोमन कलेंड़र में वर्ष का प्रथम माह जनवरी रखा गया है।

विलियम फ्रीलेंड़ (1814-1892)

दीर्घ और सक्रिय पत्रिकारिता कैरियर से बचे समय का कवि ने काव्य सृजन हेतु सदुपयोग किया। उनके दो काव्य संग्रह बर्थ सांग एंड़ अदर पोइम्स १८८२ और दी ग्लासगो बेलेड़ क्लब, मैसर्स मेक्लेहोस ग्लासगो द्वारा प्रकाशित किये गये हैं।

मृत्यु की प्रत्याशा में

(इन प्रोस्पेक्ट आफ डेथ)

शीघ्रता या विलंब से, मैं करूँगा मृत्यु का वरण
कारुणिक स्मृतियाँ बनें, मेरे शव का वस्त्र
सोचो मुझे प्रकाश जैसा भोर की बदली से ग्रस्त
जो ज्ञान से है संपूर्ण राकापति जैसा आवरण ।

जो यहाँ हैं हीन, है अन्य ग्रहों के वर का उदाहरण
मेरी मृत्यु को विजेता, न बनाये कभी गर्व का शस्त्र
रहो भीड़में प्रसन्न स्वयं के दुर्बल अश्रु द्रवित त्रस्त
जिसका दुखों के समक्ष होने पर न लगता ग्रहण ।

अतेन्द्रिय शक्ति से बुद्धिमान रहते आये हैं सुखी
मृत्यु के अनंतर भी वो पा जाते हैं आत्मोद्धार
और मधुर करुणा की योजना से पाप मुक्त रहते ।

फिर भी यदि तुम मेरे लिए हो वास्तव में दुखी
मेरी बहुमूल्य श्वाँसों को दो श्रद्धांजलि उपहार
किसी जीवित व्यक्ति को दुख बंधन से मुक्ति देते !!!

■

फ्रेड़रिक लाकर (1821-1895)

समकालीन कवियों में फ्रेडरिक लाकर का काव्य संग्रह लंदन लिरिक्स सर्वाधिक सफल रहा है। चयनित सोनेट विलियम शार्प के सोनेट्स आफ दिस सेंचुरी से लिया गया है।

प्रेम, मृत्यु और काल

(लव, डेथ एंड टाइम)

ओह प्रेम ! समय ! और मृत्यु ! सब हैं प्रिय मित्र मेरे
मधुर प्रेम जो आया चमकीले पंखों पर निकटता से
फिर दिये मुझे उसने होंठ, साँसें और बाँहों के घेरे
और उसके छल्लों के आकर्षक गुच्छे सुनहरे से ।

समय जो वर्षों में होता है एकत्रित उड़ते हुए
उसने मुझे दिया सर्वस्व पर कहाँ है वह भला अब ?
छीन लिया मेरा प्रेम दे गया अश्रु बिंदु बहते हुए
थका हुआ एकाकी मैं प्रस्थान करता समाधि तब ।

वहाँ अर्ध दैवीय दृश्य को समाप्त करेगा काल निकेत
मृत्यु जो परछाई बन कर करती प्रतीक्षा हर बार
रहती है अत्यंत शांत, देने से पहले कोई भी संकेत ।

ओह ! मधुरता से दिखाओ मुझे अपना संकीर्ण द्वार
सबसे विश्वसनीय मित्र हो, ओ मेरी प्रियतमा मृत्यु !
क्या लौटा सकेगी प्रेम के लिए मृत्यु मेरा प्यार ?

■

मैथ्यू अर्नाल्ड (1822-1888)

विक्टोरिया काल के सुप्रसिद्ध कवि एवं समालोचक । डोवर बीच स्कालर जिप्सी व थायरसिस जैसी रचनाओं का सृजन। चयनित सोनेट, मैकमिलन एंड़ कंपनी द्वारा प्रकाशित पोइम्स:नैरेटिव एंड़ एलजैइक और पोइम्स:ड्रामेटिक एंड़ लिरिक से लिये गये हैं।

शेक्सपियर

तुम हो मुक्त, सभी हैं हमारे प्रश्न का पालन करते हुए
हम करते पृच्छा बारंबार, तुम स्थिर रह मुस्कराते
ज्ञान की सीमा से परे, स्वयं को एक पर्वत सा उठाते
हो वही, जो तारों को मुकुट वंचित कर,भव्यता भरते हुए ।

महासागर में अपने दृढपदचापों को रोपते हुये
स्वर्गों के स्वर्ग को अपना निवास स्थान बनाकर
किंतु अपने आधार की मेघाच्छादित सीमा बचाकर
नश्वरता को असफलता पूर्वक खोजते हुये ।

और तुम जो जानते, समस्त तारों और किरणों को
स्व-शिक्षित, स्व -परीक्षित, स्व-सम्मानित व स्व-सुरक्षित
धरा पर विचरण करते हुए, इसीलिए नहीं हुए उपेक्षित ।

सहन करे अमर आत्मा, समस्त पीड़ाओं को
सारी दुर्बलता जो करे विकलांग, दुख समक्ष समर्पित
उस विजेता दृष्टि में पाते, स्वयं की ध्वनियों को ।।

■

अमरता

(इम्मोरटैलिटी)

अपने साथियों से पराजित, थके और निराश हुए
नियत मार्ग पर चलने छोड़देते, क्रूर संसार को
और संयमित रहने को कहते, आगामी जीवन को
यह जगत रसातल को और हम ऊपर उठते हुए ।

तब क्या अमर सेनायें नहीं देखेंगी घृणा करते हुए
संसार की निर्ममता से रौंदी गयीं वस्तुओं को
जो सह न सकीं जीवन दिवस की तपन को
प्रस्तुत हैं स्वर्गीय प्रभात समीर का स्वागत करते हुए ।

नहीं जीवन ऊर्जा समाधि उपरांत होती संरक्षित
परंतु न हो सका कभी सक्रिय स्फुरण
जो न रहा आतंकित धरा की प्रतिकूलता में ।

मात्र आगे बढता़ रहा वह शक्ति को कर एकत्रित
एकाग्र आत्मा के साथ जीत कर समस्त रण
कठिनाइयों से आरोहण करता अमरता में ।।

■

सिड़नी ड़ोबेल (1824-1874)

इनके सशक्त सोनेट रचनाओं की प्रशंसा किये बिना नहीं रहा जा सकता। चयनित सोनेट कल्पना शीलता व सशक्त कविता का अप्रतिम उदाहरण है।

सामान्य समाधि

(द कामन ग्रेव)

गत रात अपरिचित सितारों के नीचे खड़ा
घर में रह रहे सदस्यों की, स्मृतियों को देखा जाते
उस समाधि तक जहाँ पर था एक रक्त पर्वत बड़ा
अन्तत: देखा उन्हें गहन अंधकार में समाते ।

हर कोई वेशभूषा में सुसज्जित, अपने दुखों से
उनमें वहाँ एक कराह जैसी दुर्बल एक स्मृति आयी
जंगल के प्राणी जैसे किया उत्खनन रक्त सने हाथों से
न तो वह चिल्लाई न ही स्वयं जोर से रोयी ।

न ही पास लेटे हुए असमाधिस्थ मृतकों का
उसने करके कोई गंभीर प्रयास जाना लेखा
सारी रात उसने किया, अनवरत कठोर श्रम हर पल ।

प्रभात काल में जब परिवर्तित होते कमोबेश दिन रात
दिवस के चढते़ ही, पिघलना देखा अंधकार का
जान गया मैं, वह करती रही श्रम, अंत तक रही हलचल ।।

■

दांतें गैब्रियल रोसेट्टी (1828-1882)

विक्टोरियन काल के इस कवि को सर्वाधिक कल्पना शील कहना सर्वथा उचित होगा। सर्वश्रेष्ठ साहित्य आलोचक भी दांतें रोजेट्टी को शेक्सपियर, वर्ड्सवर्थ और एलिजाबेथ बेरैट ब्राउनिंग के समकक्ष ही मानते हैं। आंग्ल भाषा में सोनेट विधा को समृद्ध करने में इनका महती योगदान है। चयनित सोनेट इनके संग्रह हाउस आफ लाइफ से लिये गये हैं।

काला दर्पण

(द डार्क ग्लास)

कितना है तुम्हारे लिए प्रेम, मैं स्वयं नहीं जानता
मैं कैसे पहुँच सकूँगा अब तक जो नहीं कर सके माप
बीते कल की प्रतिभूति से भावी कल का दहेज न भरता
जन्म, मृत्यु और सभी कलंकित नामों का रहेगा ताप ।

जैसे खुलते द्वार- गवाक्ष, उस सागर ओर जो गर्जन करता
जो रुग्ण से चेहरे को अंधा, बधिर कर कानों को दें श्राप
और अंतिम होती, प्रेम का भेदन करेगी, भावना चुपचाप
अंतिम सीमा चौकी से, अमरता तक बढ़ता ।

मैं क्या हूँ प्रेम के लिए, देखो! ओ सर्वशक्तिमान पालनहार
वह रेत से एक सीप को करता एकत्रित बुदबुदाते
एक नन्ही हृदय मशाल, हाथ की शरण में गहते

फिर भी तुम्हारे नेत्रों से अनुमोदित करता पुकार
और मौलिक शक्तियों के यथार्थ स्पर्श का प्रसार
जीवन आबद्ध किये क्षण, सहर्ष समझ सकते ।।

■

खोये दिन
(लोस्ट ड़ेज)

आज पर्यंत मेरे जीवन के दिन जो थे खोये
क्या थे वे, क्या मैं उन्हें देख सकता हूँ सड़क पर
जब वे गिरे गेहूँ की बालियों की तरह छिटक कर
मिट्टी में गये कुचले, खाने के लिये जो गये थे बोये ?

या शेष था जिनका देयक, वो स्वर्ण सिक्के बिखरे नये
या अपराध बोध से ग्रस्त, छींटे रक्त के पैरों पर
या ऐसे स्वप्न का धोखा जिनमें पानी जाये छलक कर
निरंतर प्यास से नर्क की कराह डर से तड़पाये ।

लेकिन मृत्यु के पश्चात मैं उन्हें नहीं देखता
जानता है ईश्वर और मैं, देखूँगा प्रत्येक चेहरा जो
स्वयं का आत्मघात कर अंतिम श्वाँस लेता ।

तुमने मेरे साथ किया है क्या, तुम स्वयं ही मैं हो
और मैं और मैं तुम स्वयं देखो, देखो हर कोई कहता
और तुम तुम्हारे स्वयं का समस्त शाश्वत काल तक वो ।।

प्रेम दृश्य

(लव साइट)

मेरी प्रियतमा ! सबसे अधिक कब देखता हूँ तुझको
जब मेरे नयनों में परलक्षित आत्मायें, प्रकाश में
तुम्हारे चेहरे के समक्ष, विधि पूर्वक संपादित वेदी में
उस प्रेम की पूजा, तुम्हारे माध्यम से जाना गया जिसको ।

गोधूलि बेला के क्षणों ने पाया था जब एकाकी हनको
जिनके प्रगाढ़ चुंबन प्रतिध्वनि देती सुनाई सामीप्य में
और छुपा दमकता चेहरा दे दिखाई सांझ के धुंधलके में
आत्मा को प्रतीत होती है तुम्हारी आत्मा स्वयं मुझको ।

ओ मेरे पवित्र प्रेम ! यदि भविष्य में कभी न देख पाऊँ
न धरा पर तुम्हारी परछाई तक, कभी पास आऊँ
न किसी बसंत में दिखें तुम्हारी छवि बसे नयन ।

तो कैसे जीवन के अंधकारमय ढलान पर सुनाई देंगी ध्वनियाँ ?
और मैदान पर वृत्ताकार घूर्णन करती, आशाओं की पत्तियाँ
ओह ! मृत्यु के अविनाशी पंख की पवन !!!

■

अभिलेख

(ए सुपसर्क्रिप्शन)

देखो मेरा चेहरा, 'हुआ होता', है ज्ञात मेरा नाम
अब और नहीं, अति विलंबित, विदा मैं हूँ कहाता
तुम्हारे कान के पास मृत सागर का शंख हूँ लाता
जीवन झाग मध्य, खींजे पग ऊपर पड़े पाते विश्राम ।

तुम्हारी आँखों तक ला दर्पण, जहाँ दृश्य वो अभिराम
जो जीवन और प्रेम के स्वरूप को, सन्निकट था पाता
किंतु अब मेरा जादू, कंपित, असह्य छाया सा आता
उन अनंतिम वस्तुओं के अकथ क्षीण पर्दे सा अनाम ।

मुझे देखो कितना हूँ स्थिर, किंतु चाहिए तीव्र गति से जाना
एक क्षण के लिए मृदु आश्चर्य, तुम्हारी आत्मा प्रभास को
उस पंख युक्त शांति तक जो सुला देती है उसाँस को ।

तब मुझे देखोगे मेरा मुस्कराना, फिर लौट आना
तुम्हारे चेहरे का मेरी ओर, हृदय पर घात लगाना
अनिद्रा से शीतल अविस्मरणीय आँखों की उजास को ।।

■

ऐलेक्जेंड़र स्मिथ (1830-1867)

स्कॉटिश मूल के कवि एवं निबंधकार जो स्पेसमोड़िक स्कूल से जुड़े हुए थे उनके द्वारा रचित लाइफ ड्रामा एक विख्यात कृति है । उन्होंने कुछ सोनेट भी लिखे थे उन्हीं में से यह निम्नांकित सोनेट चयनित किया गया है।

सौंदर्य

(ब्यूटी)
वसुंधरा और आकाश में सुंदरता है टहलती
हमारा सूर्यास्त सुवर्ण से समृद्ध प्रतीत है होता
जैसे सदैव गुलाब की मादकता बसंत में मचलती
जैसे बनके बाग में सुमधुर संगीत सा हो बिखरता ।

मोगरे की हरी शाखों पे बतखें, जोड़े बना प्रेम में पिघलतीं
गहरे महासागर का पुराना संगीत, है अभी तक उफनता
हमारी आत्माओं में यदि बसी है थोड़ी भी आध्यात्मिकता
सुंदरता आसक्ति के अनुबंधों को शिथिल कर फिसलती ।

जब हमारे ऊपर झुकेंगे, ये सुखद नीले नीले आकाश
जैसे प्राचीन सितारों से जड़े, शुभ्र वस्त्रों में कविता
सासांरिक संगीतमयी धुन से असंपृक्त आत्मा से मिलने ।

ओ मेरे प्रिय मित्र, कितना प्रिय मुझे है यह लगता !
ओस भीगे वृक्ष, सुनहरा रवि, रुपहला चांद लगे है खिलने
सुनहरा अंत लिए होगा, मधुरतम संगीत का प्रकाश ।।

■

क्रिस्टीना रजैट्टी (1830-1894)

ड्रीम लेंड़ जैसी चमत्कृत करती काव्य कृतियों की सृजक क्रिस्टीना रजैट्टी की गिनती विक्टोरियन काल के शीर्षस्थ साहित्यकारों में होती है। उनकी और उनके भाई दांतें गैब्रियल की रचना धर्मिता में अत्यधिक साम्य है। इनके सोनेट अत्यंत सुंदर एवं प्रभावी हैं।

स्मरण रखो

(रिमेम्बर)

स्मरण रखना मुझे जब मैं अलविदा कह जाऊँ
अधिक दूर चली जाऊँ किसी अत्यंत शांत स्थल में
जब थाम न सको तुम प्रेम से मेरा हाथ हस्त कमल में
न मैं जाते हुए आधा मुड़ूं, चाहकर ठहर न पाऊँ ।

तो स्मरण कर न देना मुझे उपालंभ, जब मैं न रहूँ
बताना मुझे योजना जो बनाओ, आगामी पल में
परामर्श व प्रार्थना में अवश्यंभावी विलंब, मैं कहूँ
केवल मुझे स्मरण करना, समझना तुम हृद - तल में ।

यदि तुम मुझे भी भूल जाओ कुछ क्षण के लिए
तो बाद में स्मरण कर, न करना ये दुखद विचार
जो मुक्त करे अति अंधकार, जघन्य पाप, व्यभिचार ।

अतीत में रह गये थे मेरे साथ, विचारों के अवशेष
मुझे भूल कर मुस्कराना ही है उचित तुम्हारे लिए
न करो तुम तनिक भी स्मरण मुझे, न संताप विशेष ।।

■

रक्त में लथपथ पड़ा प्रेम

(लव लाईज ब्लीड़िंग)

प्रेम, जो हो गया है मृत और गहराई में दफन
कल मेरे समक्ष समाधि से उठ कर, हो गया खड़ा
उसकी दृष्टि में पहचान का, कोई चिन्ह न था बड़ा
स्मृति अवशेष से पृथक, रज से धुंधले भूरे नयन ।

जबकि मैं स्मृति शेष तक शब्द, न कर सकी चयन
किंतु अनुभूति में हृदय, तीव्र गति से उछल पड़ा
पूर्व में अस्त हुए दिनों का प्रकाश दिखा कर, अड़ा
सुनी काल की प्रतिध्वनि जो कर चुकी है अब गमन ।

मैं सोचती हूँ कि क्या यह वास्तविक मिलन था ?
युवावस्था में हम मिले जब तीव्र था प्रेम और आशा
पृथक होने पर मरती आशा पर जीवित रहा प्रेम सघन ।

स्मरण है मुझे अलगाव पर, रुग्ण हृदय की हताशा
प्रेम संघर्ष से होना शिथिल, निराशा में करना स्मरण
क्या यही था हमारा मिलन ? नहीं, हमारा मिलन न था ।।

■

जॉन विलियम इंचबोल्ड़ (1830-1888)

इंचबोल्ड़ ने सोनेट विधा का विशिष्ट अध्ययन किया। उन्होंने एच एस किंग एंड़ कंपनी से वर्ष १८७६ में प्रकाशित एनस एमोरस नामक संग्रह में सोनेट के अत्यधिक सरस उदाहरण प्रस्तुत किये हैं।

एक मृतक

(वन डेड)

क्या यही है विचित्र मृत्यु या है निद्रा अति गहन ?
यही तो है आराम और चिर वांछित मधुर विश्राम
मौनता ही सर्वश्रेष्ठ है, हमारे ईश्वर का कथन
नहीं है श्वाँस का तनिक भी संदिग्ध ये आराम ।

तुम पीत चंद्र वलय जैसे हो रहे अति मौन
जन्म के महान गूढ़ रहस्य तुम्हारे पास ही रहते
ओह ! तुम भी कर जाओगे प्रस्थान जानता कौन ?
महासागर में कहाँ खोता गगन, नहीं कह सकते ।

हम केवल जीवन नौका को आते जाते देख पाते
अतुल्य प्रकृति की छुपी शक्ति से होकर आकर्षित
जलधि ये पिघल कर, काश ! हम ये जान जाते
किस मार्ग में हुआ है ये अब महायान अवस्थित ?

शनैः शनैः कम होता, जहाज अंततः होता अदृश्य
परंतु सर्वदा विद्यमान नभ, महासागर होते हैं दृश्य ।।

■

थियोड़ोर वाट्स (1832-1914)

आंग्ल साहित्य के क्षेत्र में वाट्स का अद्वितीय स्थान है। बहुत कम साहित्यकारों को वाट्स जितनी ख्याति और सम्मान प्राप्त हुआ है। दांतें गैब्रियल रोसेट्टी के इस अभिन्न मित्र के इनसाइक्लोपीड़िया ब्रिटानिका में काव्य पर कई महत्वपूर्ण लेख छपे हैं।उनके अधिकांश उत्कृष्ट सोनेट द अथेनियम में प्रकाशित हुये हैं।

प्रथम चुंबन

(फर्स्ट किस)

कोई व्यक्ति पूर्ण रूपेण होता है धन्य सपनों में
क्या स्वर्ग है स्वप्न या उसे आलिंगन में भरना ?
चमकीली तुहिन कणों की बूंदों में उसका ठहरना
मीलों चमकती, सुनहरी भटकटैया,पश्चिम दिशाओं में ।

मानों उसे मैं भर लेता हूँ, निज आलिंगनों में
सुनता हूँ उसके ह्रदय का, अपने वक्ष पर धड़कना
उसकी आकर्षक नीली आँखों का, देखूँ चमकना
लगा जैसे लिया हो उसने, होंठों पर प्रगाढ़ चुंबनों में ।

कैसी झाड़ी की सुगंध, क्या श्वेत गुलाब हो सकते हैं ?
क्या प्रभात का मधुरतम राग, गा रहे पक्षी हैं बिचारे
क्या यही है वसुंधरा और झाड़ियों के सुन्दर किनारे ?

ईश्वर द्वारा प्रज्ज्वलित झाड़ियों के जैसे दमकते हैं
इस काया के माध्यम से उन्हें हम विशेष समझते हैं
जो आत्मा में कर जाता, प्रवेश उसके स्पर्श के सहारे ।।

■

सोनेट का स्वर

(ए सोनेट्स वायस)

समुद्र तट के उस ओर, रुपहली लहरें हैं टकराती
झाग में स्वच्छ तारों के प्रकाश तले, वापिस लौट जाती हैं
जबकि मेरी पद्यक तुम्हारे कानों में गुनगुनाती
एक व्याकुल करता ज्ञान, लहरें सिखाती हैं ।

क्योंकि मेरी आत्मा को, उन सोनेट की लहरों पर पहुँचाती
प्रिये,हृद में विश्राम अपनी गहराइयों से कर पाती हैं
लहरदार ध्वनियों के माध्यम से, मानो कामना कह जाती
महान संघर्ष रत प्रकृति मानव भाषाओं को खोज लाती हैं ।

उसाँस लेते जल की आत्मा सा भाव युक्त
एक सोनेट है संगीत की लहरदार ड़गर,
एक तूफानी संगीत की एकल पूर्ण लहर ।

अष्टपदी में प्रवाहित हो, लौटती जो हो मुक्त,
उतरती लहरें षष्ठ पदों में बहतीं हो प्रखर
जीवन के कोलाहल पूर्ण जलधि में प्रयुक्त ।।

■

रिचर्ड वाटसन ड़िक्सन (1833-1900)

इस कवि के बारे में हाल केन ने कहा है कि एक ऐसा कवि जो सर्वाधिक सम्मान के योग्य था परंतु उससे जीवन काल में वंचित रहा।चयनित सोनेट विलियम शार्प के सोनेट्स आफ दिस सेंचुरी से लिया गया है।

मानवता

(ह्यूमैनिटी)

सब आत्माओं के ऊपर, एक आत्मा अवस्थित महान
जो सबमें परम शक्तिमान परमात्मा, है निहित
जैसे समस्त गीत समूहों की भाँति असंख्य गीत गान
समस्त मानवीय भाषाओं से होती है ध्वनि निर्मित ।

प्रत्येक आत्मा में जो करती है आत्मा निवास
सारे युगों में रहती इसकी जीवन अवधि विशाल
मृत्यु उपरांत आत्मा स्वयं के पवित्र केंद्र में करे प्रवास
करती है ग्रहण पुनर्जीवन, न होता कोई अंतराल ।

इस प्रकार विस्तृत क्षेत्र में, पायी जाती सर्वदा जो
समय और मृत्यु से कहीं अधिक, व्यापक है मानवता
कर सकता है चयन, सार्वभौमिक मनुज का वो
जी सकता है वह जीवन, जो श्वाँस संग न मरता ।

पा सकता है वह महानता, जिसमें होती उत्तरोत्तर वृद्धि
जब तक मृत्यु की अंतिम रज से काल जाम में अभिवृद्धि ।।

■

अल्फ्रेड़ आस्टिन (1835-1913)

नाटककार एवं कवि। विलियम शेक्सपियर की सोनेट सरंचना का अत्यंत निपुणता से प्रयोग। उनके अधिकांश सोनेट प्रकृति व देश प्रेम की विषय वस्तु पर आधारित हैं।

प्रेम का अंधत्व

(लव्स ब्लाइंड़नैस)

मैं अच्छी तरह समझता हूँ, अंधा है ये प्रीति भाव
कोई सौंदर्य मुझे, इस धरा पर दिखाई नहीं देता
न जीवन, न प्रकाश, न कोई आशा, न प्रसन्नता
जब न होती तुम पास, न होता लक्ष्य, न अनुभाव ।

आकाश से छीन लेती रवि आभा, तुम्हारा अभाव
ग्रीष्मऋतु का आगम, बसंत का यौवन रोकता
लिनेट का उदास संगीत, प्लावर का रुदन प्रभाव
प्रचुरता में मुझे विकलन प्रतीत होने लगता ।

जब भी अंधकार में तुम्हारे पैर हैं फड़फ़ड़ाते
तुम्हारा दृग मेरे दुख पर है ठहरता
अचानक एक शाख पर पक्षी दिखे गुनगुनाते ।

संकुचित होती है वसुधा, तब स्वर्ग विस्तारित होता
हिमद्रव मानों मैदान में हैं उतराते
और हमारी सुंदरता में सर्वत्र सौंदर्य बिखरता ।।

■

प्रेम की बुद्धिमत्ता
(लव्स विजड़म)

प्रेम के सर्वोच्च शिखर पर होकर विराजमान
न कहीं आगे जाकर हम चूमकर अलग होते:
काश हम हंसकर मृत्यु की परम शरणागति लेते !
शिखर से अवनति शक्ति से दुर्बलता का कर पूर्व भान ।

सब कुछ पा लिया हमने शेष न रहा अज्ञान :
करके सर्वस्व प्रमाणित, ज्ञान क्षेत्र अपूर्ण न रहता
यह समय ही होता हमारा पथ प्रदर्शक महान
परंपरा की पश्च दीप्ति में, परमानन्द की उष्मा में खोता ।

उच्च शिखर पर हम नहीं रह सकते निरंतर
क्योंकि हमारी श्वाँस लेती आत्मायें हैं संघर्ष रत
दुर्लभ आनंद का करती हैं आस्वादन एक पहर

क्या हो यदि सुस्त रहें हम, प्रेम से निष्प्राण होकर
ओ धरा पर मेरा स्पर्श ! दो स्वर्गीय चुंबन अक्षत
और हमारे शरीर घाटी में हो जायें पृथक तदअनंतर ।।

एल्गरनान चार्ल्स स्विनबर्न (1837-1909)

विक्टोरियन काल के तीव्र सामाजिक परिवर्तन के दौरान विलियम शेक्सपियर, बेन जानसन और लार्ड टेनीसन से अत्यधिक प्रभावित स्विनबर्न की उत्कृष्ट प्रतिभा नाटकों और कविताओं में मुखरित हुई।इनके काव्य में लय, छंद व स्वर का बेजोड़ सम्मिश्रण है। यह सोनेट १९०४ में प्रकाशित वाल्यूम - १ आफ होम एंड़ फ्रेंड़शिप से लिया गया है।

आशा और भय

(होप एंड़ फियर)

प्रभात के वायवीय विस्तार की परछाई के नीचे
सूर्य के प्रकाशित क्षेत्र जैसी चमक आँखों में लिये
यौवन से पूरित अभिलाषा ईश्वरीय प्रसन्नता को जिये
छोड़ अतीत निहारे प्रभु को जहाँ भटके नर आँखें मींचे ।

अँधेरे दरवाजे में प्रार्थनाएं न खुलें, न स्वप्न नैन सींचे
और प्रसन्नता के निमित्त, प्रिय बनते हैं तिमिर के दिये
ड़रावने सपनों के स्थान पर खेलने को विस्तृत पंख किये
जो दोपहर में आकर, आशा का हृदय निर्ममता से खींचे ।

आत्मा त्याग देती है स्वप्न देखना व इच्छा करना जब
उसकी दृष्टि सत्य द्वारा पहचान करने हो शोधित तब
जो एक बार ज्ञात होते ही, ड़राने के लिए न देती समय ।

यौवन के अंत से पहले, यौवन भी हो ज्ञात कब ?
गत वर्षों के साथ मिलता बुद्धिमत्तापूर्ण शब्द निलय
मत करो अधिक आशा और न ही तुम करो भय ।।

■

विल्फ्रेड़ स्केवन ब्लंट (1840-1922)

यह सोनेट उल्लेखनीय संग्रह लव सोनेट्स आफ प्रोटेअस से लिया गया है जो शेक्सपियर की परम्परा का प्रतिनिधित्व करता है।

समय की संक्षिप्तता पर

(आन द शार्टनैस आफ टाइम)

यदि मैं नहीं कर पाता विस्मृत, नष्ट होते समय को
नहीं रह पाता,आत्मा के क्षरण व मृत्यु के चिंतन बिन
श्वास लेते हुए नहीं चाहता, अन्य सुख के अभ्युदय को
तो सूर्य किरण, प्रकाश, पक्षियों के स्वर संग बिता दिन ।

मैं प्रतिदिन बढते़ घास को , जंगली फूलों को देखता
नीले से पीला और लाल से भूरा रंग बदलते हुये
आश्वस्त बैठ संयम से मैं, अनवरत प्रतीक्षा करता
स्वाभाविक क्रम में, प्रकृति परिवर्तन की चाह लिये ।

परंतु मेरे कानों में, बीतते समय की ध्वनि झिड़कती
दिखाई देती है मुझे मृत्यु, मेरे अत्यंत समीप खड़ी
असावधान रहने पर, लगे आँख सहसा फड़कती
करना होगा मुझे निरंतर कार्य, कहे काल की घड़ी ।

जागो ! निद्रा त्याग, करो कर्म, सन्निकट है महा प्रलय
समाधि के अंदर ही मिले, हमें पूर्ण आराम का समय ।।

■

आर ए थोर्पे

कवि के व्यक्तित्व एवं कृतित्व की अधिक जानकारी उपलब्ध नहीं है। निम्नांकित चयनित सोनेट सर्वप्रथम १ ८ ३ ५ में काव्य संग्रह हाउसमेंन्स कलेक्शन में प्रकाशित हुआ जो कालांतर में विलियम शार्प के सोनेट्स आफ दिस सेंचुरी में भी सम्मलित किया गया।

विस्मरणता

(फारगेटफुलनैस)

मैं माँगता हूँ परमेश्वर से केवल एक ही वरदान
मिलते ही जो हृदय उद्गारों से, प्रकट करूँगा आभार
आह किये बिना पी लिया मैने, किये बिना प्रतिकार
प्रसन्नता का प्याला, प्रेम करना व पाना है अवदान ।

पढ़ सकता हूँ, अन्य हृदयों में सहानुभूति स्वयं महान
प्रसन्नता और प्रेम हमें करते, प्रकाशित पूर्ण प्रकार
रहते आये हैं हम इन तत्वों से सुवासित हर बार
स्मृति रूप कटु बीज संरक्षित कर, देने प्राण बलिदान ।

यही तो रहा है मेरे जीवन का दुर्भाग्यपूर्ण अभिशाप
पीछे मुड़कर पश्चिम में जाते दिन पर दृष्टि पात करना
सर्दी की रात ठंडी हवा में कंपकपाते हुए करते प्रलाप ।

मष्तिष्क में रेंगते से अनिद्रा के विषधर का रहना
इसीलिये परमेश्वर से चाहूँ मैं, विस्मृति वर का संताप
आँखों में प्रसन्नता और प्रेम के ठहरे से स्वप्न भरना ।।

■

जॉन एड़िंगटन साइमंड्स (1840-1893)

एक विख्यात आलोचक जिन्होंने गद्य में सुंदर और सशक्त रचनायें लिखी। वह एक सच्चे कवि थे जो सोनेट श्रृंखला लिखना पसंद करते थे। वेगाबंड़ली लिबेलस में उन्होंने अद्वितीय सोनेट लिखे हैं। उनके बाद के लिखे गए सोनेट्स पर विलियम शेक्सपियर की स्पष्ट प्रेरणा दृष्टि गोचर होती है।

शाश्वत निद्रा की प्रतिभा के लिए

(टू द जीनियस आफ इटर्नल स्लंबर)

ओ निद्रा ! तुम्हें नामित किया गया है शाश्वत
तुम्हारे शोर मुक्त क्षेत्र में जागने का नहीं अवसर
परिश्रांत मनुष्यों की त्रस्त आत्माओं ! प्रियवर ,
आओ वहाँ ,जहाँ भयावह स्वप्न न करे आहत ।

तुम जहाँ उपस्थित हो, क्या रहेगी वहाँ आत्मा सुप्त ?
थके हाथों को उसके सिर से लपेटे लेटेगी यंत्रणा
और शैय्या पर पसरे हुए स्मृति करेगी कुछ मंत्रणा
अनुभूति कर विश्रांति न उठ सकेगी स्मृति हो गुप्त ।

ओह निद्रा ! तुम ही कही जाती हो जग में अमर
क्या तुम्हारे वक्ष पर सोये शिशु सा प्रेम लेगा श्वाँस ?
क्या आकर्षक असंभव वस्तुएं पा सकेंगी विश्रांति ?

क्या बंद कर देगी धड़कना मन में बसी कोई आस ?
तुम्हारी शांत भवें हैं सोती,नहीं देतीं कोई प्रतिउत्तर
पोस्ता मद में भी तुममें कितनी है स्थिरता और शांति !!!

■

अर्नेस्ट मायर्स (1844-1921)

एक उच्चस्तरीय कवि जिनके लिखे दी ड़िफेंस आफ रोम एंड़ अदर पोइम्स और द जजमेंट आफ प्रोमेथ्यूस एंड़ अदर पोइम्स उल्लेखनीय हैं। अर्नेस्ट मायर्स ने पिंड़ार, ड़ार्विन और एकिलीस पर भी आकर्षक सोनेट लिखे।

रात्रि का संदेश

(द नाइट्स मैसेज)

गत रात गूंजा एक संदेश, अकस्मात मेरे कान
यह कहते हुए, आओ मैं करना चाहूँ तुमसे बात
जिसने की थी मुझसे बात, वह स्वयं थी एक रात
जिसे सुनकर मैं उठा और किया बिना भय प्रस्थान ।

नहीं था मन में मेरे किसी भी आशा का निशान
गुजरा समय पूर्ण शांति से, पर्वत निकट बैठे अज्ञात
विशाल राकेश की शुद्धता को विस्मित पीते अकस्मात
यद्यपि मेरी आत्मा को प्रसन्नता का नहीं था भान ।

परंतु चंद्रमा के उदय होते ही गहरी धुंध छायी
देखते देखते सारी धरा और मुझे स्वयं में समाये
विस्तृत कोमल वक्ष से अकथनीय शपथ आयी ।

धीमे से सोच लिए, उपस्थिति से हल्के से दबाये
ली गहरी श्वाँस, फिर टूटी, उड़ते हुए फिर लहरायी
मुझे मिला विश्रांति समय जो धरा पर प्रभा लाये ।।

■

ए. मेरी एफ रोबिंसन (1857-1944)

साहित्यकार की हैसियत से मिस मेरी रोबिंसन का उत्थान बहुत तीव्र गति से हुआ।कई काव्य संग्रहों के साथ ही लाइफ आफ एमिली ब्रांटे जीवनी और एतिहासिक अध्ययन भी लिखे। १८८४ में प्रकाशित न्यू आकेर्ड़िया में प्रकाशित हुये सोनेट्स ने साहित्य प्रेमियों का ध्यान आकर्षित किया

प्रेमी का मौन

(लवर्स साइलेंस)

जब वह जिसका प्रेम ही है, मेरे जीवन का श्वास
बिलंब से ही सही, आती है मेरा घर आनंद से भरने
आने के बाद उस स्थान से, अपनी छाया दूर करने
स्वयं की उपस्थिति से देती है घर को नई आस ।

अति संघर्ष होता शांत जब कामना का न होता वास
तब वसुंधरा की स्वर्गीय अनुभूति लगती उभरने
न कोई वंशी की तान या जयगान न ही देता मुझे जागने
रहता मैं मौन, विस्मित, क्लांत और पाता त्रास ।

ओ आत्मा ! अब तुम ही स्वयं का प्रतिउत्तर बनो
बहुत समय पूर्व नहीं दिखा था, सौंदर्य प्रकाश चमकते
रह कर नीरव फिर भी शांति पूर्वक करते स्मृत ।

वह महिमा जिसे कोई आत्मा नहीं कर सकती विस्मृत
सिवा प्रेम की अनोखी सोच को छोड़ न कुछ कहते
दुष्कर है आत्माओं को उपेक्षित कर नश्वर भाव जानो ।।

■

मार्क आन्द्रे राफालोविच (1864-1934)

विलियम शेक्सपियर से प्रभावित इस कवि के लिखे सोनेट श्रेष्ठ रचनाकारों में सम्मिलित किए जाने के योग्य हैं। इन्होंने अत्यंत रोचक तीन काव्य व सोनेट संग्रह प्रकाशित किये। चयनित सोनेट उनके प्रथम संग्रह सीरिल एंड़ लियोनेल एंड़ अदर पोइम्स से लिये गये हैं।

सत्य से अधिक

(मोर दैन ट्रुथ)

अब नहीं जानता मैं कि तुम हो अनिद्य सुंदरी भी
या सत्य मेरी दृष्टि को करेगा अपमानित
मैं यह भी न जानता कि अन्य लोग करेंगे तनिक चिंता भी
बनाने के लिए तुम्हारे चेहरे को, मधुर स्वर्ग अपरिमित ।

पर दूसरों के द्वारा कहे शब्द, क्या हैं मेरे लिए ?
उनके विचार, उनकी हंसी, उनकी मूर्खतापूर्ण दृष्टि
क्या तुम नहीं रहे हो संदेश मेरे गालों के लिए ?
बताने के लिए समीप आ रहे मार्गों की समष्टि ।

मेरी रगों में विचित्र सा रक्त प्रवाहित है होता
एक घंटी, मेरे ह्रदय की धड़कनों पर करती प्रहार
समर्पित जीवन गौरव से आता और है जाता
प्रज्जवलित नयन, खुले अधर जो न कर सके पुकार ।

क्या नहीं छुपा है मेरे जीवन में तुम्हारा जीवन ?
और मेरी आत्मा में तुम्हारी आत्मा, न जाने कोई जन ।।

■

सुंदर काया

(द बाड़ी फेयर)

भव्य रिक्त पिंजरे सी अद्भुत है तुम्हारी काया
आपादमस्तक सुवर्ण व मुड़े हुए रुपहले तारों से सुसज्जित
और मेरे तन ने एक प्रेमी का अनियंत्रित उत्साह पाया
जो तुम्हारे दर्शन मेरी आकांक्षाओं के मुलम्मे से चित्रित ।

बहुमूल्य धातु की छड़ों के चहुँ ओर पुष्प हैं खिलते
हृदय जैसे लाल रंग और भावनाओं के बासंती
चमेली के प्रसून, भीड़में सितारों जैसे हैं मिलते
चुंबनों की सुगंध से भीगे, बौछारों से उष्ण ।

लिली, शुद्ध बर्फ, गृह तल तथा संगमरमर का
सूर्य से प्रकाशित रूबी के संग, धब्बे दार गवाक्ष चमकता
और नीले आकाश जैसा निर्मल, दरवाजा लगा नोलम का
जो पारदर्शी क्रिस्टली कब्जों से कभी नहीं मुड़ता ।

अंतस का मौन पक्षी अब नहीं है गुनगुनाता
बेसुरा गला है, सुस्त कटे पर सा छटपटाता ।।

■

राबर्ट लारेंस बिनयोन (1869-1943)

अत्यंत प्रतिभाशाली कवि। यह सोनेट कवि ने सोलह वर्ष की आयु में लिखा था जिसमें विचार की परिपक्वता और अत्यधिक स्थायित्व स्पष्ट परिलक्षित होता है। यह सोनेट विलियम शार्प के सोनेट्स आफ दिस सेंचुरी से लिया गया है।

सोया अतीत

(द पास्ट एस्लीप)

जब भी मैं देखता हूँ, अपना निर्वस्त्र हुआ अतीत
सोते हुये भुजंग जैसा, अपनी शांति मग्न निद्रा में
आहत कर डुबा मुझे, अपनी सूक्ष्म गहन पीड़ा में
कहीं थकित कुंड़ली से न हो जाग्रत, भय से हो प्रतीत ।

चुभा नुकीले दंश चेहरे पर, जकड़ मुझे, करता भयभीत
नहीं हो सकूँगा मुक्त, विवश आबद्ध, रहूँगा श्रृंखला में
न मैं चाहूँ कभी , क्योंकि नहीं होना बद्ध भार मेखला में
सिवा जब मैं देखूँ अत्यंत समीप, होता संकुचित सभीत ।

शांत मुद्रा में लेटे होने पर, नहीं दिखे इसकी सुंदरता
परंतु इसके दाँतों का विष, होता है अत्यधिक तिक्त
और जैसे इसके नुकीले शर और छुरी करें आहत ।

फिर भी चुभन और पीड़ा करूँ सहन मधुरता से सिक्त
बधिर ह्रदय की अपेक्षा उन कुंड़लियों से हो प्राप्त अग्रता
जब तक कि वे मुझे और जीवन को कुचल कर करें क्षत ।।

■

राबर्ट फ्रास्ट (1874-1963)

अमेरिका के सेन फ्रांसिस्को, कैलीफोर्निया में जन्मे सुप्रसिद्ध कवि जिनका स्वागत अमरीकी कविता के नये युग के रुप में किया गया।फ्रास्ट के १० उत्कृष्ट काव्य संग्रह प्रकाशित हुये। इन्हें सर्वाधिक चार बार प्रतिष्ठित अंतर्राष्ट्रीय पुलित्जर पुरस्कार सहित अनेक बार सम्मानित किया गया।

स्वयं अपने में

(इन्टू माय ओन)

मेरी इच्छाओं में से एक है कि वे तम आच्छादित वृक्ष घन,
जो हैं इतने पुरातन व सशक्त कि दृष्टिगोचर न होती पवन
काश ! यह नहीं होता कदाचित् मात्र नैराश्य का आवरण
किंतु जो खिंचते हुए करता स्पर्श, भविष्य का अंतिम चरण ।

मुझे नहीं किया जाना चाहिए अवरुद्ध, कभी किसी दिन
उनकी व्यापकता में हो जाना चाहिए मुझे लुप्त लेकिन
कभी खुला मैदान पाने के भय से होकर सर्वथा मुक्त वहाँ
या कोई राजमार्ग, धीमे पहिये उगलते हैं रेत कण जहाँ ।

नहीं कोई कारण देख पाता जो मैं पीठ दिखाऊँ कभी
और उन्हें नहीं चाहिये, मेरे मार्ग पर आगे बढना अभी
मुझ पर बढत् लेने हेतु, मेरी अनुपस्थिति चुभती जिनको
और जो चाहेंगे जानना कि क्या प्रिय मानता हूँ मैं उनको ?

नहीं पायेंगे वो मुझमें परिवर्तन, जो थे पूर्व से ही सुपरिचित
सत्य होगा मेरा विचार,जो मुझे आश्वस्त करेगा अपरिमित ।।

■

हरबर्ट ई क्लार्क

कवि का यह सुंदर सोनेट वर्ष १८७९ में मार्कस वाई़ द्वारा प्रकाशित उनके काव्य संग्रह सांग्स इन एग्जाइल से लिया गया है जो कालांतर में विलियम शार्प के सोनेट्स आफ दिस सेंचुरी में भी सम्मलित किया गया।

राजाओं का राजा

(किंग आफ किंग्स)

हे मृत्यु देव ! सभी मानवों के हो तुम ही स्वामी
झुकाता हूँ सिर, तुम्हारी सांवली प्रतिमा के सामने
जहाँ मानव रक्त और अश्रुओं को जाते हैं बहाने
तुम्हारे मंदिर में देव, भूप व हम होते अनुगामी ।

तुम्हारी पुरातन सत्ता रहती आयी बहु आयामी
अत्यंत भयावह होते प्रतीत, आते आस छुड़ाने
असहाय दास हैं तुम्हारे आशा, प्रेम और आनंद सुहाने
तुम्हारे साम्राज्य में नित्य बढ़ते जाते मृतक नामी ।

हम व्यर्थ इच्छाओं वस्तुओं का करते हैं अनुसरण
हमारी आत्मा में है व्याप्त रिक्त आशायें और भय
हम रहें , अतीत से दुखी भविष्य से भयभीत ।

ओ सर्वशक्तिमान सम्राट ! हम पड़े हैं शरण
तुम्हारा आगमन, वर्षों का कोहराम, कर देता शांति निलय
उद्धार करे बड़बोले का, आतप से मन क्लांत व सभीत ।।

■

जोसेफ एलिस

यह सुंदर सोनेट कवि के १८८२ में प्रकाशित संग्रह सीजर इन इजिप्ट एंड़ अदर पोइम्स, के स्टीवर्ट एंड़ कंपनी फेरिंगड़न स्ट्रीट, से लिया गया है।कालांतर में विलियम शार्प के सोनेट्स आफ दिस सेंचुरी में भी सम्मलित किया गया है।

मौनता

(साइलेंस)

अस्तित्व हीनता का आकर्षण ही तो है मौनता
एक सच्चा संगीत, कोई कंपन नाद भी नहीं जहाँ
होता है इसका पर भव्य साम्राज्य दृश्य गोचर वहाँ
है ऐसी संपदा जिसमें नहीं पा सका कोई मधुरता ।

निरपेक्ष शांत भाव, शून्य एकाकी मलिका की तल्लीनता
सक्षम होकर भी देती, शाश्वत वर की छांव कहाँ ?
पवित्र प्रेम में डूब जब छूते हम इसके पांव यहाँ
खिल उठती सानिध्य में मन कलिका पा स्वाधीनता ।

आत्म रहित प्रसन्नता का, नहीं होता है अभिनंदन
रहस्यमयी साध्वी, नहीं देती दुख में वांछित सांत्वना
मानवता की मायाविनी माँ को कैसे दे कोई आनंद ?

गर्भ से बिन पीड़ा, निसृत जन करें कर बद्ध वंदन
शांति, विश्रांति की चाह पाती विशुद्ध सुख कर प्रार्थना
मौनता के आलिंगन में है निहित स्वर्गीय मकरंद ।।

■

जॉन टोड़ हंटर

जॉन टोड़ हंटर ने लौरेजा एंड़ अदर पोइम्स व फारेस्ट सांग्स काव्य संग्रहों में अत्यधिक शानदार सोनेट लिखे हैं। निम्नांकित चयनित सोनेट विलियम शार्प के सोनेट्स आफ दिस सेंचुरी १८८६ से लिया गया है।

प्रेतात्मायें

(विचिज)

मुझे लगा मैंने देखा तीन आकृतियों को मादा न नर
मैकबेथ की चुड़ैलों सी अभिशापित प्राणियों को
जो कोसती हैं भयावह स्वप्न में सभी व्यक्तियों को
हंसती ब्रम्हांड़, गर्भ, नश्वर जन्म आकृतियों के विनाश पर ।

बादलों जैसी पंक्तियों में उड़ने को पिशाच तत्पर
दिखाते एक दूसरे से अधिक अनिष्टकारी, मंड़राते बुराइयों को
कामुकता और घृणा बनाती है रथी, इस विश्व के मनीषियों को
जहाँ उष्णता में लुप्त रहता, जीवन ह्रदय कुछ आयु भर ।

पहली चुड़ैलों बोली, 'मैं प्रेम की कोंपलों में
वासना के बीज का करूँ पोषण।'
दूसरी ने कहा, 'मैं आतातायियों की आतातायी हूँ, निर्दयी भय
मैं पाप कर्मों का हानिकारक प्रतिफल देती हूँ तीसरी ने सुनाया।'

मैं करूँ आत्माओं का, भयानक संक्रामक रोग से शोषण
यह कह, उसने कान में सुन्न करती भयावहता का नाम दोहराया
मेरी उपस्थिति मात्र से बन जाता है बुराई का आलय ।।

■

क्लोड़ मैके (1889-1948)

१८८९ को जन्में क्लोड़ मैके अपने उपन्यासों, निबंधों और कविताओं के लिए विख्यात रहे। हरलैम के पुनर्जागरण काल के दौरान सामाजिक न्याय के लिए साहित्य के माध्यम से लगातार आवाज उठाते रहे और स्वयं को उपन्यास, निबंध व कविता विधाओं में प्रतिष्ठित किया।

अमेरिका

यद्यपि वह मुझे कड़वाहट का दूध है पिलाती
और घुसा देती है अपने चीते के तीक्ष्ण दशन
मुझसे, मेरे जीवन की हर श्वाँस है चुराती
पसंद करता मैं सुसभ्य नर्क, जो युवा की परीक्षा लेता गहन ।

लहरों सी उसकी शक्ति, मेरे रक्त में है बहती
सापेक्ष देती मुझे शक्ति, सीधे उसकी घृणा की भावना
उसकी विशालता, एक बाढ़ सी मेरा अस्तित्व बुहारती
फिर भी एक विद्रोही राज्य में, राजा का करता सामना ।

मैं उसकी दीवारों में ही, दृढ़ता से खड़ा रहता
बिना किंचित दुर्भावना, उपहास के, शब्द व आतंक के
मैं अंधकार में आने वाले दिनों को हूँ घूरता
और देखता हूँ उसकी शक्ति व आश्चर्य ग्रेनाइट के ।

त्रुटि विहीन समय के हाथ के स्पर्श के नीचे
मानो अनमोल खजाने, बालुका स्वयं में खींचे ।।

एड़ना सेंट विंसेंट मिल्ले (1892-1950)

एड़ना सेंट विंसेंट मिल्ले एक अमेरिकन कवियित्री एवं नाटककार थी जिन्हें १९२३ में कविता के लिए प्रतिष्ठित पुलित्जर पुरस्कार प्राप्त हुआ। यह सम्मान प्राप्त करने वाली... तीसरी महिला थीं। वह नारीवादी सक्रियता के लिए विख्यात रहीं। उन्होंने अपनी गद्य रचनायें नैंसीं बांड़ के नाम से लिखी।

बीथोवन की सिंफनी सुनकर

(आन हियरिंग द सिंफनी आफ बीथोवन)

मत रुक जाना, मधुर ध्वनियों, ओह सुंदर संगीत !
पुनः मत कर देना मेरा परित्याग, इस संसार में
तुम्हारे साथ है केवल उत्कृष्टता व शांति मेरे मीत
मानवता ने बनाया अपना उद्देश्य सुखद अनाचार में ।

सौम्य और कपटी, तुम्हारे प्रभाव से मंत्रमुग्ध
फैलाये हुए अंग और विवर्णता लिए शून्य चेहरे
विद्वेष पूर्ण ड़ंक मारने वाले, असभ्यता से करते क्षुब्ध
परी कथा के बर्तन मांजने वालों से मग्न गहरे ।

जो विश्व दे सकता है, यही है वह सर्वश्रेष्ठ क्षण
यातना ग्रस्त वृक्ष के तने पर शांति है खिलती
मधुर ध्वनियों ! मत करो तिरस्कृत, चाहूँ जीना न कि मरण
जब तक प्रलय न ताकती मेरी मीनारों को और बिखेरती ।

अस्ताचल को जाते सूर्य से अभिमंत्रित, एक शहर अपार
संगीत ही तो है एकमात्र मेरे किले की अभेद्य दीवार ।।

■

वेंड़ी कोप (1945)

१९४५ में केंट में जन्मीं वेंड़ी कोप एक आंग्ल कवियित्री हैं जिन्होंने अधिकांश हास्य रचनाओं का सृजन किया है। इनके साहित्यिक योगदान के लिए लाइट वर्स के लिए माइकल ब्राड़ एवार्ड़ और कालमांड़ले एवार्ड़ प्रदान किए जा चुके हैं। इनके सोनेट पर विलियम शेक्सपियर का स्पष्ट प्रभाव देखा जा सकता है।

मेरा दर्पण नहीं कर सकता मुझे आश्वस्त

(माय मिरर कान्ट परसुएड़ मी)

मैं हो गया हूँ वृद्ध, यह दर्पण मुझे नहीं समझा पाता
इस संदर्भ में बहुत दयालु है, मेरी बूढ़ी हो चली आँखें
किंतु जब देखता मैं छायाचित्र तो मुझे बताया जाता
घोर सत्य, कि मैंने छोड़ दिया है युवावस्था को पीछे ।

जब कभी कुर्सी से उठने की कोशिश करते
मेरे घुटने स्मरण कराते कि बीत चुका उनका श्रेष्ठ काल
वह बोझ जो वे सर्वत्र उठाये रहें हैं फिरते
मैं हो गया हूँ अब भारी, वे करते प्रतिरोध तत्काल ।

गठिया बात से ग्रस्त उंगलियां, गर्दन समस्याग्रस्त
मृदुल से मध्यम पीड़ा, देती रहती हैं कभी कभार
दिलाती हैं मुझे आभास कि मैं हूँ प्राचीन, क्षतिग्रस्त
किंतु यहाँ मेरा सहायक, युवा होने की अनुभूति कराता हर बार ।

मेरा प्रेम, जो मुझ पर कई वर्ष पूर्व हुआ था आकर्षित
वह उतना ही अभी भी करता मुझे प्रेम, कराता विदित ।।

■

लोर्ना ड़ेविस (जीवित)

अमेरिका के कैलीफोर्निया की इस बहुमुखी प्रतिभा की धनी कवियित्री १९७३ में पोइट्री क्लब में शामिल हुई। कई प्रतिष्ठित पत्र-पत्रिकाओं में रचनाओं का प्रकाशन। २०१७ में सोसायटी आफ क्लासिकल पोइट्स की वार्षिक प्रतियोगिता में द्वितीय स्थान प्राप्त।

नवम्बर

अक्टूबर के उत्तरार्ध के कुम्हलाते दिन सुनहरे
जैसे शीतल नवंबर माह के लौहित नभ हों उतरते
जब कांसे के बादलों से छल्ले हो जाते भूरे गहरे
सर्वाधिक फलित समय का निकट अंत हम निहारते ।

वह धूप जिसने घेरा था हमें अपने ताप से
अब ठंड़ी और थकी टिकी है दक्षिणी दीवार के सहारे
नहीं है कोई साम्राज्य, जो न हो परास्त काल के उत्ताप से
प्रत्येक दीप्तमान सुनहरा युग, शीघ्र नश्वरता को पुकारे ।

इस्पात के नीचे लेटा हुआ है, शांत रोमन साम्राज्य
पर्स पोलिस भी हो चुका है धूल धूसरित
विशद लालसा के रहते, अनुभूति न होती परित्याज
अवश्यंभावी है ह्रास, ग्रीष्म ऋतु काल के होते ही तिरोहित ।

आलिंगन करो शेष समय का, जो न रहेगा भव काल
तुम्हारा शिशिर भी शीघ्र होगा पुरातन काल ।।

■

इवान मैंटिक (जीवित)

सोसाइटी ऑफ क्लासिकल पोइट्स के सह संस्थापक एवं अध्यक्ष और सोसायटी के जर्नल और वेबसाइट के मुख्य संपादक। पूर्व में न्यूज एडीटर और रिपोर्टर भी रहे। अमेरिकन कवि हैनरी वेड़सवर्थ लोंगफैलो से प्रभावित। फालुन दाफा के उपदेशों के अध्येता ।मष्तिष्क और काया को परिष्कृत करने की प्रक्रिया के साधक।

एक नायक

(ए हीरो)

ये एक यहूदी के ही हैं, पहने हुए पदत्राण पुराने
जो गये हैं चटख, भाग कर कई मील चलने के बाद
वृक्ष के तने सी बढी ये हैं उस दास की सशक्त टांगें
जिसने क्रूरता से पीट कर मारे जाने तक किया श्रम अबाध ।

जंगली पशुओं द्वारा घेरे गये, क्रिस्तानियों का है यह हृदय
जबकि रोमनवासी उन पर चीखते और हँसते
ये हैं सुकरात के हलाहल पिये विषाक्त अधर अभय
जिनकी मरना है नियति पर सदैव सद्गुणों में रहते ।

स्पार्टा के व्यक्तियों का सुरक्षा कवच, यह ध्वज स्वयं
हजारों शत्रुओं के समक्ष संख्या में कम, एकाकी नतवाले
चीनी भाषा के हैं - नैतिक शब्द : सत्य, करुणा व संयम
जिनसे कोई नहीं पा सके पार, ये हैं वो सत्य के भाले ।

*फालुन गोंग का अनुयायी तुम्हारे समक्ष खड़ा सुखदायक
सर्वकालिक और सार्वभौमिक, एक अद्वितीय नायक ।।

■

*फालुन गोंग - एक आधुनिक धार्मिक आंदोलन जिसमें बौद्ध धर्म व ताओ धर्म की विशेषताओं, विशेष रूप से अभ्यास का मिश्रण है जिसे चीन में निर्ममता से कुचल दिया गया।

भाग- २ : प्राची

प्रस्तावना

ओड़िआ सोनेट की यात्रा

इक्कीसवीं शताब्दी का द्वितीय दशक में गतिमान ओड़िआ सोनेट तथा उसके कवियों की अन्वेषण यात्रा, आविष्कार-प्रसूत विस्मयानुभूति एव आवेगपूर्ण अनुभूतियों से रससिक्त है । वास्तव में समय के स्रोत के विपरीताभिनुख हो कर ओड़िआ कवियों के कई सोनेट को सहेज कर हिंदी भाषा में अनूदित करते हुए मातृभाषा का माधुर्य, मातृभूमि का मातृत्व एवं ओड़िआ कवियों के कवित्व, ने एकाधिक बार मुझे मुग्धाविष्ट किया है । कभी इनके शब्दों की मधुरता तो कभी किसी महान कवि का आत्मोच्चारण, हार्दिक सिहरन में परिवर्तित हो कर अनेकों बार मेरे चक्षु द्वय को अश्रु प्लावित किया है । खोजने -पाने -भाषांतरण करने के द्वन्द-आनंद -घर्षण में समाप्त हुआ है यह अनुवाद कार्य । उन्तीस ओड़िआ कवियों के उनसठ सोनेट के हिंदी अनुवाद को समेटे इस ग्रंथमाला को भाषा-भारती के चरणकमल में अर्पित करते हुए यहाँ ओड़िआ सोनेट के एक सौ बीस वर्षों के दीर्घ इतिहास को संक्षिप्त रूप में लिपिबद्ध करने का प्रयास किया गया है।

त्रयोदश शताब्दी के इटालियन कवि पेट्रार्क के द्वारा विकसित यह काव्यिक प्रारूप, कालक्रमिक अंग्रेजी एवं अन्य भाषाओं में आदृत तथा रूपांतरित होते हुए ओड़िआ कविता-वितान में उपगत होते समय, उन्नीसवीं शताब्दी का सप्तम दशक हो गया था।

गवेषक ड़ॉ. क्षेत्रवासी नायक की सूचनानुसार १८७२ में श्री रुद्रनारायण पट्टनायक 'राम' शीर्षक में सर्वप्रथम सोनेट लिखने का उद्यम किया था किंतु सफल नहीं हो सके । १८७२ में प्रकाशित 'कविता मंजरी' संकलन में श्री गोपाल बल्लभ

दास 'उपेंद्रभंज ' 'वनमल्ली ' एवं 'गोलाप (गुलाब)' आदि कुछ सोनेट संयोजित किये थे परंतु इन सभी में सोनेट की सूक्ष्म सत्ता के अभाव के कारण इन कवि द्वय को ओड़िआ सोनेट के आद्य सृष्टा नहीं माना गया । 'भक्तकवि' मधुसूदन राओ की बसंत गाथा १ ९ ० २ में प्रकशित हुई थी जो कि ओड़िआ साहित्य का प्रथम सोनेट संकलन था। यहाँ तक कि 'बसंत गाथा' का उत्सर्ग पत्र भी सोनेट की शैली में यथार्थ है । इसमें चौबीस सोनेट के साथ कुछ सोनेट गुच्छ भी स्थानित हैं। आलोच्य संकलन में ओड़िआ सोनेट के आदि सृष्टा 'भक्त कवि' मधुसूदन राओ से लेकर २ ० २ ० के मध्य सोनेट अनूदित करने की प्रक्रिया में चयनित कवियों को कालानुक्रम में स्थानित किया गया है। अनुवाद निमित्त एक, दो या सर्वाधिक पाँच सोनेट का चयन कर प्रत्येक उत्कल कवि को परिचय सहित पाठकों से परिचित कराने का उद्यम किया गया है। ओड़िआ साहित्य के इतिहास के ग्रंथागार में युगों के अनुसार सूचित अनुक्रम में कवियों को रखा गया है । इस दीर्घ धारा को आलोचना की सुविधा निमित्त काल तथा वैशिष्ट्यानुसार भी विभाजित किया जा सकता है।

- ओड़िआ सोनेट का प्रारंभिक काल
- ओड़िआ सोनेट का मध्य काल
- नूतन कविता एवं ओड़िआ सोनेट
- इक्कीसवीं सदी के ओड़िआ सोनेट अर्थात
  ओड़िआ सोनेट का सुवर्णमय काल

१. ओड़िआ सोनेट का प्रारंभिक काल (१८७० से द्वितीय विश्व युद्ध का पूर्ववर्ती काल)

'भक्तकवि' मधुसूदन राओ, श्री साधुचरण राय, 'व्यासकवि' फकीरमोहन सेनापति, 'स्वभावकवि' गंगाधर मेहेर, 'पल्लिकवि' नंदकिशोर बल, 'कविशेखर' चिंतामणि महांति, 'उत्कल मणि' गोपबंधु दास, कवि गोदावरिश मिश्र, कवि पद्मचरण पट्टनायक, कवि ब्रजमोहन पंडा, कवि बालकृष्ण षड़ंगी, कवि कृष्णमोहन पट्टनायक, कवि कुंतला कुमारी साबत आदि प्रमुख कवियों ने इसी काल में अपनी लेखनी द्वारा सोनेट्स को प्रकाशित किया था । आलोच्य संकलन में इस काल के मात्र नौ कवियों का चयन किया गया है। इस पर्याय में ओड़िआ सोनेट की जो उत्कलीय विशेषताएँ हैं वह निम्नलिखित सूचनाओं में प्रदान की गई हैं।

शुद्ध शेक्सपीरियन विधा, शेक्सपियर - मिल्टन अथवा पेट्रार्क की मिश्रित विधा और मित्राक्षरी चतुर्दश चरण में समाप्त होने की कविता की विधा । यही तीन शैलियाँ प्रमुखत: मानी जाती हैं ।

इस संकलन में चयनित प्रथम चरण के सोनेट समूह में अंतिम विधा का विशेष रूप में अनुसरण किया गया है । प्रत्येक प्रतिभा संपन्न कवि ने प्रारंभिक चरण में सोनेट को मित्राक्षरी चतुर्दशपदी कविता के रूप में ग्रहण किया है । कवि ब्रजमोहन पंडा, चिंतामणि महांति एवं नारायण दे आदि ने विधा का अनुस्रण करते हुए सोनेट की सूक्ष्म व्यंजनात्मक अनुभूति को संपूर्ण रूप में पृथक कर दिया था । परंतु अष्टक -षटक के प्रारूप में लिखे गये कवि चिंतामणि महांति के 'तीर्थ वारि' सोनेट संकलन से 'स्वर्गद्वार' सोनेट का अनुवाद किया गया है।

रीति सदृश सोनेट की भाववस्तु को लिये उत्कलीय कवियों ने स्वकीय आत्मसत्ता का प्रयोग किया है । विदेशी सोनेट की प्रणयानुभूति का तरल परिप्रकाश लिये रोमांचित होते समय, ओड़िआ सोनेट प्रारंभ से ही गौरिक परिधान से आवृत तत्वाश्रयी सन्यासी है क्यूँ कि ब्रह्म धर्मावलम्बी मधुसूदन राओ के करों से प्रारंभ से ही सोनेट ने ब्रह्मवादी दर्शन का पवित्र स्पर्श लाभ किया । भक्तकवि मधुसूदन राओ से शिष्यत्व ग्रहण किये हुए कवि श्री साधूचरण राय जी एक सुकवि, संपादक एवं प्रबंधक भी थे। उनका 'भावना' कविता संकलन १८९६ में प्रकाशित हुआ था। इस संकलन में 'नीहार', 'मिथ्या', 'माता', 'लज्जावती लता', 'विद्रोही मन के प्रति' आदि कुछ सार्थक सोनेट हैं।

इस काल में कवि नंदकिशोर बल आंशिक रूप से एवं कवि पद्मचरण ने पूर्णरूपेण सन्यासिनी सोनेट को श्रृंगार रस से विभूषित किया है। अतएव हिंदी भाषी पाठक समुदाय प्रारंभ से ओड़िआ सोनेट के माध्यम से इस पवित्र धर्मभूमि की जीवननदी की गौरिक ध्वनि सुन पाएँगे ।

२.ओड़िआ सोनेट का मध्यकाल (द्वितीय विश्वयुद्ध के परवर्त्तीकालीन सोनेट)

मध्याह्न काल में सूर्य का तेज जैसे प्रखर रूप धारण करता है ठीक उसी प्रकार ओड़िआ सोनेट के मध्यकाल में ही दो प्रतिभावान सोनेट सृष्टा कवि वैकुंठनाथ पट्टनायक एवं कवि मायाधर मानसिंह का आविर्भाव हुआ। यहाँ केवल कवि का रचना काल का नहीं, सामूहिक कृत्तित्व का भी आकलन कर समय सीमा का निर्धारण किया गया है। 'कांत कवि ' लक्ष्मीकांत महापात्र, कवि गोदावरिश महापात्र,

कवि राधामोहन गड़नायक, कवि कृष्णचंद्र त्रिपाठी, कवि कुंज विहारी दाश, एवं कवि बिभुदत्त मिश्र इस मध्यकाल के कवियों के रूप में उल्लेखनीय हैं ।

इस अनूदित संकलन में सच्चिदानंद राउतराय के १९३१ में रचित दो सोनेट 'जीवन संगीत' व 'संसार के पथ पर' का चयन किया गया है।

तात्त्विक दृष्टिकोण में सोनेट का जो सूक्ष्मानुभव जाना जाता था, उसका वास्तव में रूपायन कवि वैकुंठनाथ एवं कवि मायाधर मानसिंह की रचनाओं में हुआ। उन दोनों का सृजन परिणात्मक व गुणात्मक दृष्टिकोण से भी अत्यंत उत्कृष्ट रहा। कवि बैकुंठनाथ ने उत्कल साहित्य पत्रिका में 'आरती', 'उपासना' और 'मीराबाई' शीर्षक के सूक्ष्म सोनेट गुच्छ को प्रकाशित करना आरंभ किया था । सोनेट के शिल्प में सूक्ष्म चिंता एवं भावधारा को महत्व देते हुए, उसके सौंदर्य एवं भावपूर्ण मूल्य को भी पूर्ण रूप से अपरिवर्तित रखा । देहानुभूति के रसमय अनुभव की अभिव्यक्ति निमित्त, कोई उत्कंठा प्रदर्शित न करते हुए विदेहानुभूति का अमृतत्व के अनुभव की अत्यंत प्रशंसा की गई है ।

हेमंत उनकी प्रिय ऋतु है क्यूँ कि यह ऋतु जीवन व मृत्यु तथा पूर्णता व शून्यता को समाहित करती है। इस मध्यकाल में ही 'मृत्तिका दर्शन' में ३७ सोनेट गुच्छ रचित हुए । इस संकलन में उनके जीवनवाद एवं वैराग्य वाणी, उभय दिशा को सूचित करते हुए 'वास का पुष्प' एवं 'उपहास मृदा का' सोनेट द्वय को स्थानित किया गया है।

ड़ॉ.मायाधर मानसिंह स्वकीय कवित्व के अपूर्व स्पर्श से सोनेट में शुद्ध प्रणयानुभूति को समाहित कर प्रणयिनी के प्रति समाज के दृष्टिकोण में परिवर्तन लाये।

कवि मानसिंह व्यक्तिगत प्रणयानुभूति की पवित्र सलिल धारा में ओड़िआ सोनेट धारा को परिपुष्ट करने के पश्चात परवर्त्ती समय में ईश्वरीय -चेतना तथा रहस्यमय सत्ता के सानिध्य में आत्मनिवेदनगत आकुलता का प्रकाश कर उत्कलीय परंपरा में स्वयं को द्रवीभूत किया है। 'हेमपुष्प' के साथ ही उनके प्रणयभाषी,मृदुहास एवं रमणी तोष सोनेट का अंत हुआ । १९४४ से १९५४ के अंतराल में रचित क्रूस संकलन में स्थानित १०० सोनेट का अन्त:स्वर आधिभौतिक है । 'बापू तर्पण', 'अक्षत' एवं 'जीवन चिता' संकलन में स्थित भाव भी नश्वर-दर्शानाश्रयी। आलोच्य संकलन में प्रणयानुभूति युक्त दो सोनेट प्रेम स्पर्श एवं प्रतीक्षा को अनूदित किया गया है ।

इसी काल खंड में कवि लक्ष्मीकांत, कवि राधामोहन, एवं कवि गोदावरिश महापात्र जैसे शीर्षस्थ कवियों ने अल्प संख्या में होते हुए भी मूल्यवान सोनेट रच कर इस मध्य काल की प्रभा को दीप्त किया है । कवि कृष्णचंद्र त्रिपाठी एवं कवि कुंजविहारी दाश क्रमानुसार 'आत्मलिपि' एवं 'प्रभाती' शीर्षक संकलन में चयनित दो सोनेट मध्यकाल को आभासित करने में सहायक हुए । इनके सोनेट समूह, शिल्प सौंदर्य में पूर्ण तथा, भाषा में भी कोमल एवं भाव में भी अत्यधिक समृद्ध हैं । कवि बिभुदत्त मिश्र के १०० सोनेट का प्रकाशन काल १९६५ था । मृत्यु प्रति प्रेमासक्ति तथा प्रेम की मृत्यु उपरांत प्रेमासक्ति जनित सोनेट समूह ओड़िआ पाठकों में अत्यंत लोकप्रिय रहे । इस संकलन में उनके दो सोनेट 'मृत्यु के लिए' एवं 'महा अभिसार' चयनित किये गये हैं ।

इस मध्य काल में आत्मप्रकाश करते है अन्यतम सोनेटकार कवि चिंतामणि बेहेरा । १९५७ से प्रकाशित उनकी कवितावली में उनका सोनेट के प्रति आग्रह परिलक्षित होता है । आलोच्य संकलन में उनका उद्भिद (वृक्ष) एवं दर्पण शीर्षक के दो सोनेट रखे गये है । अनूदित संकलन में पद्मश्री कवि सच्चिदानंद राउतराय के दो सोनेट का हुआ अनुवाद इस मध्यवर्ती काल में दृष्टिगोचर होगा । इनके कविता १९८७ संकलन में बाल रचना पर्याय से 'जीवन वेणु' और 'संसार के पथ पर' सोनेट द्वय को लिया गया है । कवि विनोद रावत, कवि विनोद नायक, कत्रि रमाकांत रथ, कवि शरद चंद्र प्रमुख प्रतिभा दीप कवियों में से कवि रमाकांत रथ जिन्होंने धारावाहिक रूप में सोनेट नहीं लिखे हैं, के 'लालटेन' (लंठन) सोनेट को चयनित किया गया है । अतएव ओड़िआ सोनेट के मध्यकाल को हम १९८० की अवधि पर्यंत वृद्धि कर सकते हैं । १९५५ से इस चरण में जो परिवर्तन हुआ, उसको तृतीय चरण का आरंभ नहीं माना जा सकता ।

२.१. नूतन कविता एवं ओड़िआ सोनेट

१९५५ में कवि गुरु प्रसाद महांति के नूतन कविता संकलन से चंपा फूल सोनेट के माध्यम से सोनेट की सरंचना में प्रथम बार परिवर्तन परिलक्षित हुआ । चंपा फूल सोनेट का प्रारंभिक रूप आत्मसत्ता प्रयोगात्मक शैली एवं उत्कलीय लोककथाश्रित सौरभ अतुलनीय है । १९७० में प्रकाशित समुद्र स्नान संकलन के दस सोनेट भी गुरुप्रसादीय स्पर्श से अभिनव हुए । आलोच्य संकलन में चंपा फूल समेत सोनेट गुच्छ से एक और सोनेट 'स्वप्न और देह' को भी संग्रिहीत किया गया है । इस प्रयोगवादी

वर्ग का अनुसरण करते हुए कवि सौभाग्य मिश्र भी सोनेट के प्रति आकृष्ट हुए एवं १९६३ में प्रकाशित उनके आत्मनेपदी संकलन से दो सोनेट 'बसंत (तीन)' एवं 'अभिनेत्री' अनूदित हो सके हैं। परंतु यह प्रयोग पारंपारिक सोनेट धारा का संपूर्ण रुप से उन्मूलन कर नहीं पाया है। अतएव ओड़िआ सोनेट के मध्यकाल को हम विश्वयुद्ध के परवर्ती काल से १९८० पर्यंत अवधि के मध्य आबद्ध कर सकते हैं। इस मध्यकाल के अंतिम भाग से ओड़िआ सोनेट सम्राट तथा ओड़िआ सोनेट के स्वर्णकाल में एकाकी निर्माता कवि गिरिजा कुमार बलियारसिंह सोनेट रचना आरंभ किया। १९७२ से १९८० के मध्य रचित इस प्रतिभावान कवि के सोनेट जीवन का प्रारंभिक अरुणाभास 'कल की कविता' एवं 'क्रोंचमिथुन' कविता संकलन में स्थापित होते हुए एक विशाल प्रासाद की अथाह गहराई का प्रमाण देता है। कल की कविता संकलनस्थ, १९७५ में प्रकाशित 'वागीचा' सोनेट मृत्युचेतना की धारा में लिखित एक कालजयी सृष्टि है । चंपापुष्प की सुगंध से 'वागीचा' का वैभव्य भी अभिनन्दनीय है।

३. बीसवीं शताब्दी के दो दशक एवं ओड़िआ सोनेट का सायंकाल

१९८० से २०२० के मध्य दो दशकों को सायंकाल निरूपित किया जा सकता है। इस काल में कवि सुरेश परिड़ा जैसे अन्यतम तेजस्वी सोनेट रचयिता ने 'कान्हू' शीर्षक से मुक्तछंदाश्रित आधुनिक कविता, जो वस्तुत: एक दीर्घ सोनेटमाला है, का सृजन किया ।

प्रयोग - परीक्षा -आधुनिकता कविता के लय, छंद, अलंकार तथा प्रांतीयमिलन जैसे अनेक वैभव कविता के शरीर से एक एक कर अपहृत होने लगें। यह कविता के वाह्य आवरण नहीं अंत: ऐश्वर्य है, यह हृदयंगम करने का समय भी चला गया। संभवत: इसी कारण कवि सुरेश परिड़ा 'कान्हू' (कान्हा) काव्य को सोनेट की शैली में रचे गये। पत्र पत्रिकाओं में 'कान्हा' को आधुनिक कविता के पृष्ठ पर रखा गया। इस अनूदित संकलन में कवि सुरेश परिड़ा के 'कान्हा' काव्य का एक सोनेट चुना गया है।

इस सायंकाल में प्रदोष-प्रदीप सम कवि बनज देवी की उच्च कोटि के सोनेट अत्यंत शांतिप्रद है जो १९६१-६२ से विभिन्न पत्र पत्रिकाओं में प्रकाशित हुये । २०१० में प्रकाशित उनका कविता संग्रह 'स्वर्ण से भरी नाव', अर्ध शतक सोनेट से परिपूर्ण है। अतएव बनज देवी को इस काल की सर्वाधिक सफल सोनेटकार माना जा सकता है।

प्रहराज सत्यनारायण नंद प्रयोगवादी वर्गों की रक्षा करते हुए सोनेट सृजन हेतु प्रवृत्त हुए एवं सदैव इस धारा प्रति श्रद्धावनत रहें।

कवि द्वय वन बिहारी पंडा एवं कविवर परिड़ा, ने भी सोनेट के पारंपरिक प्रथा के प्रति अत्यंत विश्वस्त रहते हुए ओड़िआ सोनेट की धारा को शुष्क होने नहीं दिया। अनुवाद ग्रंथ निमित्त , केवल कवि बनज देवी, कवि सत्यनारायण नंद एवं कवि सुरेश परिड़ा आदि को चयनित किया गया है। यह तीन चरणों में ओड़िआ सोनेट की जययात्रा १९०१ से २००० पर्यंत वर्णित की गयी है । इक्कीसवीं शताब्दी का एक दशक अतिक्रांत कर एवं प्रवाहमान दशकों को एकत्रित कर निम्न उप-शीर्षक में सोनेट की विचित्रता के संबंध में संसूचित किया जाएगा ।

४. इक्कीसवीं सदी के दो दशक एवं ओड़िआ सोनेट का स्वर्ण काल

आलोच्य समय खंड को सुवर्णमय समय के रूप में मानने करने का एकमात्र कारण है कि कवि गिरिजाकुमार बलियारसिंह की सोनेट साधना। सहस्राधिक सोनेट का सृष्टा, विस्मयकारी काव्य पुरुष को संप्रति ओड़िआ भाषा साहित्य के समीक्षक गण 'सोनेट सम्राट' उपाधि प्रदान कर अपने विस्मय मिश्रित पुलक एवं प्रणिपात प्रदान कियें हैं । २००३ से २०१५ के अवधि में कवि गिरिजा जी के प्रकाशित सोनेट की संख्या के आधार पर इस चरण को सुवर्ण काल मानने के पर्याप्त ठोस कारण है। २००३ से २०१५ के मध्य कवि गिरिजा जी के नौ सोनेट संकलन में कुल ९८३ सोनेट प्रकाशित हुये हैं । निकट भविष्य में प्रकाशित 'पद्पुराण' सोनेट संकलन को सम्मिलित करने से यह संख्या सहस्राधिक हो जाएगी। उल्लेखनीय है कि कवि गिरिजा जी 'चउदाली' नामक एक नूतन काव्यिक रूप भी सृष्ट कर चुकें हैं।

आलोच्य संकलन में कवि गिरजा जी के पाँच सोनेट अनुदित रूपेण संयोजित हैं। 'संध्या की कविता' एवं 'स्वर्ग संहार' सोनेट द्वय 'भारतवर्ष' महाकाव्य से लिये गये हैं। 'प्रस्तरी' (प्रस्तर शब्द का रूपांतरित शब्द जो एक नारी के लिए संबोधित किया गया है), 'उर्वशी' एवं 'महानदी' सोनेट त्रय नीलनिर्वाण सोनेट संकलन से लिये गयें हैं जिसमें कवि पुराण से इतिहास एवं इतिहास से आधुनिक काल पर्यंत १०० नारी चरित्रों को ले कर सोनेट रचित कियें हैं ।

कवि गिरिजा जी की निरंतर साधना तथा पाठक गोष्ठी के प्रति सहज स्नेह ने कई प्रवीण एवं तरुण कवियों को सोनेट की ओर आकृष्ट किया ।

उनके पश्चातवर्ती मात्र तीन कवियों को इस संकलन में प्रतिनिधित्व हेतु

चयनित किया गया है यथा कवि सत्य पट्टनायक, कवि वीणापाणि पंडा एवं कवि लक्ष्मीकांत पाढ़ी। इस संकलन के प्रकाशक तथा ओड़िआ सोनेट के प्रति एकांत अनुरक्त कवि सत्य पट्टनायक दीर्घ बाइस वर्षों से अमेरिका में अवस्थापित होते हुए भी ओड़िआ भाषा साहित्य के अभ्युदय निमित्त अविरल कार्यरत हैं। इसी अनुरक्ति की प्रतिलिपि स्वरुप उनके सोनेट में अपनी मिट्टी की मृदु सुगंध, उत्कलीय प्रकृति की हरीतिमा जैसी अपरिहार्य गुणवत्ता निहित है।

कवि वीणापाणि पंडा एक मर्मानुभवी, आवेगमयी, सत्यानुसंधित्सु नारी कवि के रूप में सुपरिचिता हैं। उनके २०१९ में प्रकाशित 'जह्न वागीचा' सोनेट संकलन से दो सोनेट का अनुवाद किया गया है। कवि लक्ष्मीकांत पाढ़ी दीर्घ बीस वर्षों से सोनेट रचने में संलग्न रहें हैं एवं कवि गिरिजा जी की रचनावली के गुणधर्म के प्रति समर्पित हो कर अनवरत कार्यरत है।

यही था ओड़िआ सोनेट के बारे में एक संक्षिप्त विवरण एवं अनुवादिका की संक्षिप्त धारणा । अन्य प्रवीण गवेषक अथवा निविड़ निरीक्षक के दृष्टिकोण से भी इसका परिमार्जन या परिवर्धन किया जा सकता है। कहते हैं, कि अनूदित पुस्तक सर्वदा एक वृक्ष का पतझड़ की परवर्ती अवस्था है। समस्त पर्ण के झड़ जाने के पश्चात् भी मूल-वृक्ष जो है बदलता नहीं, रूप या गुण में भी कोई परिवर्तन नहीं होता । वैसे ही, अनुवाद में शब्दों में नूतनत्व तो आ जाता है परंतु मूल भाव, मूल कविता यथोचित रहती है। किंतु अत्यंत क्षीण तनु लिये यह सोनेट का मूल्य किंतु असीम है। अतएव एक पतझड़ सा दे कर नूतन कोंपल से इस वृक्ष को सज्जित करने का क्षुद्र प्रयास की है मात्र ।

पाठकों से विनम्र अनुरोध है कि, इस ओड़िआ सोनेट वितान का अवश्य अवलोकन करें। यदि ये छोटा सा सोनेट बगीचा आप सभीको आनंद, भाव संपद एवं मेरु मातृभाषा की महिमा को तिल मात्र सूचना दे पाने में सफल हो पाएगा, मैं स्वयं को धन्य मानूँगी।

हमारी भारतीय संस्कृति में परंपरा में कृतज्ञता-अर्पण अलिखित परंपरा है । अतएव इस सोनेट संकलन के '**प्राची भाग**' में जिनके सहयोग को पाथेय कर इस कर्म का संपादन करने की समर्थ हो पायी उनके प्रति हृदय की गहराई से कृतज्ञता अर्पित करती हूँ। ओड़िआ सोनेट का अनुवाद करने की प्रेरणा जिनसे मिली और जिन्होंने स्वयं पाश्चात्य सोनेट कारों को इसी संग्रह के '**प्रतीची भाग**' में साकार भी

किया, वो हैं मध्यप्रदेश के श्रीयुत विनीत मोहन औदिच्य जी जो एक उत्कृष्ट ग़ज़लकार, संस्कृतनिष्ठ हिंदी साहित्यकार, सोनेटकार एवं अंग्रेजी साहित्य के प्राध्यापक। श्री विनीत जी ने मेरी मातृभाषा ओड़िआ को सम्मान देते हुए, इस भाषा में की गयी सोनेट यात्रा को राष्ट्रीय साहित्यिक स्तर पर रखने का प्रस्ताव भी रखा और उनके कुशल मार्ग दर्शन में ही मैं आगे बढ़ पायी। उनको मेरा हृदयतल से प्रणिपात। अमेरिका स्थित ओड़िआ साहित्यकार एवं इस संकलन के प्रकाशक श्री सत्य पट्टनायक जी , जिन्होंने स्वयं ही विश्व साहित्य जगत में मातृभूमि से दूर रहते हुए भी मातृभाषा के प्रति जो प्रेम प्रदर्शित किया वह अद्भुत है। ओड़िआ भाषा के उत्थान के लिए किये गये उनके सदकार्यों का कोई अंत नहीं। मेरे लिए इसे कुछ शब्दों में वर्णित करना असंभव है। श्री सत्य पट्टानयक जी से ही अनुप्रेरित हो कर वर्ष २०१६ में मैंने सोनेट लिखना आरंभ किया था । श्री सत्य जी की प्रेरणा से ही इस संकलन को आप सभी के समक्ष रख पाने की सक्षम हो पायी हूँ। उनको मेरा आतंरिक साधुवाद। कवि गिरिजा जी ने भी आवश्यक मार्गदर्शन प्रदान किया है। उनको मेरा कोटिश: प्रणाम एवं कृतज्ञता ज्ञापित करती हूँ । कटक अवस्थित शतायुषी शिक्षानुष्ठान शैलवाला महिला स्वशासी स्नातकोत्तर महाविद्यालय में 'ओड़िआ भाषा एवं साहित्य विभाग' एवं तत्संलग्न 'मधुसूदन ग्रंथालय' ने इस सोनेट स्वप्न को साकार करने में अग्रणी भूमिका निभायी है। इसी महाविद्यालय की ओड़िआ भाषा विभाग में पदस्थ प्राध्यापिका डॉ. संजिता मिश्र जी एवं ग्रंथालय प्रमुख श्री दुर्गाप्रसाद टुडू जी, उभय के अप्रतिम सहयोग से' निमित्त ग्रंथावली' से सोनेट समूह का चयन करना संभव हो पाया है। आप दोनों के प्रति मैं हार्दिक कृतज्ञता ज्ञापित करती हूँ। परिशेष में भाषा भारती के चरणकमलों में इस अनूदित माला को अर्पण कर मैं अनुवादिका अनिमा दास विद्वान पाठकों से स्वयं की लेखनी निमित्त शुभाषीश की प्रार्थना करती हूँ।

शुभमस्तु।

अनिमा दास
हिंदी साहित्यकार
कटक, ओड़िशा
अणु डाक- animadas341@gmail.com

भक्तकवि मधुसूदन राओ (1853 - 1912)

ब्रह्म धर्मावलंबी कवि मधुसूदन राओ ओड़िआ साहित्य में नवजागरण चेतना के अनुपम रूपकार थे । ओड़िआ काव्य सृजन की प्राचीन धारा को परिवर्तन कर नवीनता प्रदान करने में उनकी निर्णयात्मक भूमिका रही। 'कुसुमांजलि', 'बसंतगाथा', 'छंदमाला', 'संगीतमाला' आदि कविता संकलन के माध्यम से उन्होंने नूतन आंगिक एवं आत्मिक वैभव प्रदान कर ओड़िआ कविता धारा को गौरवान्वित किया है।

पापी का त्रास

जाना कहाँ मुझे, छिपना कहाँ किस संगोपन में
किसी गृह में अथवा सागर में किंवा स्तीर्ण गगन में
दस दिशाओं में अथवा तमिस्रा के सघन तमस में
लोकारण्य में किंवा विजन में वा आभामय दिवस में ?

एक घोर विशाल चक्षु की दृष्टि है मेरी ओर देखती
मेरी चतुर्दिशाओं से मेरे लिए घोर त्रास उत्पन्न करती
दुर्ग का आयस द्वार हो अथवा पाषाण के प्राकार
गिरिगुहाएँ अथवा अंधकूप अथवा कोई कारागार ।

देख रहा सब भेद कर, विराट नेत्र कर उन्मीलित
विदीर्ण हो रहा त्रस्त वक्ष, सर्वांग है मेरा प्रकंपित
भेद कर मर्म मेरा तथा भेद कर आवरण चहुँ ओर
कर्म-फल-दाता धर्म विधाता, कुलिश सा कठोर ।

है पाषंड को दमन करता, हे दंडदाता-परात्पर !
हे विश्वंभर ! क्या यही है तुम्हारा चक्षु भयंकर ?

अतीत

चलते चलते इस जीवन के महादीर्घ पथ पर
देखते ही रहते हो पीछे, हे प्राण! क्यों बार बार ?
शैशव और यौवन के राज्य में विचरते मन रथ पर
स्वप्न यात्री सा तू दे कर मिथ्या को सत्य का आधार।
किसे पुकारता है तू ह्रदय में सहस्त्र शपथ दे कर
क्या वह पाता कभी, तेरी आकांक्षा की सीमा तेरे अनुसार
तेरा अतीत का जगत, मलिन कामनाओं से गया भर
कहाँ होगा प्राप्त तुझे वहाँ स्वच्छता का शाश्वत आकार ?

ऐसे ही एक दिन सोचा मन में,बैठ कर निर्जन में
सहसा अतीत में, किसीने गह मेरे केश अवशेष
प्रभावित स्वर से कहा, आ कर मेरे चिंतन में
'बहा लाया था स्वच्छ प्रेम-मंदाकिनी विशेष
सदा तुम्हारे जीवन में,जैसे स्वर्ग के भुवन में
उसमें मिलाया है कलुष ही कलुष तूने अशेष'।

■

श्री साधुचरण राय (1860-1897)

साधना, त्याग एवं आत्मोन्नति भाव ने श्री साधुचरण जी को साधारण अवस्था से उच्च सोपान का अधिकारी बनाया था। उत्कल ब्राह्म समाज के आचार्य भक्त कवि मधुसूदन राओ से ब्राह्म धर्म ग्रहण कर उनके शिष्य बने। वह मुख्यत: भावात्मक गीतिकविता के कवि थे। 'भाव कुसुम', 'भावना' एवं 'साधना' आदि प्रकाशित संकलन में उनके गहन वैराग्य, उज्ज्वल विश्वास एवं उच्च कवित्व का दर्शन स्पष्ट परिलक्षित होता है।

मिथ्या

सर्वग्रासी, राक्षसी तू नरक की राज कुमारी !
स्वछंद हो, किसी के भी साथ तू करती निवास
असत नेत्रों में होता है तेरी कुटिलता का आभास
तेरी दृष्टि में समान रहते हैं सभी नर और नारी।

न होती शमित तेरी काम-तृष्णा, न है कोई भय
करती भ्रमण विश्व भर में, बन स्वेच्छाचारणी
भिन्न रूपों में निर्लज्ज -असती व्यभिचारिणी
भीरु-कापुरुष की कन्या सी विचरती, हो निर्भय।

इसी हेतु होती प्रतीत, एक वेश्या सी श्री हीन
भरती हृदय में सभी के,नित्य नये कुविचार
मुग्धकारी वेश में, जब मोह का करती विस्तार
त्याग कर सत्य को, आत्मा तब होती मायाधीन ।

तू न गहती जीवन, मिथ्या ! सती तुल्य,पति वंचित
होता है हृदय राज्य, तुझसे ही तमसाच्छादित ।

■

व्यासकवि फ़कीर मोहन सेनापति (1843-1918)

ओड़िआ भाषा साहित्य की आत्मप्रतिष्ठा हेतु संक्रांति पुरुष सेनापति ने सम जातीय कर्त्तव्य निर्वाह किये थे। ओड़िआ कथा साहित्य के मुकुटविहीन सम्राट कवि फकीरमोहन 'पुष्पमाला', 'उपहार', 'अवसर वास रे' एवं 'धूल' आदि कविता संकलन के माध्यम से स्वीय काव्यिक चातुर्य के यथार्थ को परिप्रकाशित करने में समर्थ हुए।

कर्तव्य साधन

यूँ ही बीत रहे नित्य अकारण दिन के पश्चात दिन
क्यों बन नीरव निर्विकार, बैठे हो कुछ किये बिन ?
कर्तव्य साधन ही है इस जगत में वास्तव जीवन
आलस्यता में समय का होना व्यतीत है आत्म दहन ।

अमूल्य वस्तुएँ जो तुम्हारे लिए प्रकृति ने की हैं प्रदान
करो विचार कि, क्या दिया है तुमने इसका प्रतिदान ?
करो विवेचना,शैशवावस्था में,थे जब तुम क्षीण व अक्षम
की कामना वसुधा ने जो तुम्हे देकर समस्त, किया सक्षम ।

अर्धक यौवन होगा अतिवाहित प्राय: रहेगा निद्रित
होगा पुन: असमर्थ वृद्धावस्था में, तब होगा चिंतित
जो मिला था समय, समर्थ जीवन का आयुकाल में
क्या किया है विचार कर्तव्य साधन का उस अंतराल में ?

करते हो अनुमान कि मंदगति से क्षरित होता समय
देखो अतीत को, है ये गतिमान, रहता सदा ये वेगमय ।

■

जीवन नदी

नदी के अनुरुप जीवन मेरा सतत ये बहता
हर्ष और संताप में भी अनेकों बार कुछ कहता
कितने रूपों में है स्थित हृदय में भाव तरंग
प्रलोभन, उद्दीपन और न जाने कितने प्रसंग ।

आह्लाद प्रेम, शांति, मोह व लालसा का समुच्चय
फेन पुँज सा बहते हुए, मिला है उनको ये लय
काम, क्रोध, मद, लोभ हैं, भुजंग अथवा मकर
जिन्होंने स्वयं के भिन्न भिन्न अंग, छुपाये हैं यत्न कर ।

समय के अंतराल में है स्रोत जंजाल के घूर्णन
कुछ दूर साथ चलकर, छोड़ कर तन और मन
न ज्ञात प्रक्रिया का नियमन नियत स्रोत है चलित
ले जाती ये जीवन, कोई शक्ति कर आकर्षित ।

लीन हो जाओगे एक दिन किसी अनंत सागर में
हे मानव ! क्यों ना विचारते सत्य तत्त्व, हृद-गह्वर में ।

स्वभाव कवि गंगाधर मेहेर (1862- 1924)

स्वभाव कवि गंगाधर मेहेर की काव्यधारा पवित्र जाह्नवी सम पवित्र तथा आत्मप्रदायिनी रही है। 'रसरत्नाकर', 'अहिल्या स्तव', 'इंदुमती', 'उत्कललक्ष्मी', 'अयोध्या दृश्य', 'पद्मिनी', 'प्रणय वल्लरी', 'तपस्विनी' आदि काव्य में उन्होंने कविता की परिधि में स्वीय शक्ति तथा पारदर्शिता प्रदर्शन किया है। 'अर्घ्यथाली', 'कविता कल्लोल', 'कविता माला' आदि संकलनों में कवि का भक्ति भाव, प्रकृति व जाति प्रेम आदि परिलक्षित होता है।

व्यथा खद्योत की

हूँ मैं अति क्षुद्र सा जीव,व्यथित खद्योत है कहता
हे विधाता ! क्या विचार कर दिया पंख मुझे,है पूछता
उड़ता मैं,तमस्वी के तमस में,उपहास का लिये डर
अथवा पृथक बैठता पादप-पर्णों का आश्रय ले कर ।

अनभिज्ञ हूँ मैं कि अंगों में मेरे है ज्योतिर्कण किंचित
महत्व मिले मुझे ज्योतिष्कों में,न है कामना कदाचित
तथापि करते हुए उपहास,सर्वदा कहती मानवजाति
क्यों कर खद्योत को मिले चंद्र तुल्य आभा की ख्याति ?

निशिकांत है पाता दीप्तिमय प्रखर शक्ति तपन की
परंतु मेरी ज्योतिर्कणिकाएँ हैं मेरे स्वयं के जीवन की
हे विधाता ! न जानूँ मैं पर धन पर करना अभिमान
हे ईश्वर ! तुम ही कहो, कैसे बनूँ मैं चंद्रमा समान ?

न करो,हे मानवजाति ! क्षुद्र जीवों का इतना उपहास
स्वयं की जीवन ज्योति प्रज्ज्वलित कर भरो उजास ।

■

पल्लीकवि नंदकिशोर बल (1875-1928)

ओड़िआ साहित्य के इतिहास में नंदकिशोर बल एक बहुमुखी प्रतिभा के धनी होने के साथ ही कवि, उपन्यासकार , एवं समालोचक रहें हैं। ग्राम्य जीवन क चित्रण करने में उनका कवित्व समर्पित होने के कारण उनको पल्लीकवि की मान्यता दी गयी है। 'वह पल्लिचित्र', 'चारुचित्र', 'निर्माल्य', 'तरंगिणी', 'जन्मभूमि' आदि काव्य संकलन तथा 'शर्मिष्ठा' एवं 'कृष्णाकुमारी' सदृश्य अनुपम काव्यों के सृष्टा हैं।

भाव कुसुम

यदि चला गया आजका दिवस, पुनः न आयेगा
पुनः न मिलेगा वो भाव, चला जो जायेगा
मुरझाया यदि ये पुष्प , न पुनः होगा पुष्पित
बुझ जाए यदि ये दीप , न पुनः होगा दीपित ।

आते रहेंगे नित्य इस जगत में कई नूतन दिवस
प्राण में उभरते रहेंगे नित्य कई नूतन भाव रस
कई नूतन पुष्पों का जगत में नित्य होगा प्रस्फुटन
तमी में नित्य होगा कई नूतन प्रदीपों का प्रदीपन।

पुनः लौट कर न आएगा जो चला गया एक बार
क्या लौटेगा कभी रुक्मिणी रथ,करो तनिक विचार ?
भावों के वो असंख्य सुमन मेरे ह्रदय उद्यान में
होते रहेंगे सुमनित अतएव विधि के विधान में ।

समाहित करता रहूँगा नितदिन मैं निशीथ वर्तिका
निर्वाण के पूर्व न ढल जाए मेरे प्राण की यवनिका ।

■

दान और भिक्षा

है पूर्ण मेरी हृदय कंदरा में, प्रीति अनंत अक्षय
किसे करुँ दान मैं ? प्रश्न यह करता हृदय
आओ ! सकल ब्रह्मांड, ले जाओ मेरी प्रीति
न बनूँगा मैं कृपण, न मानूंगा दान में कोई रीति ।

न चाहूँगा मैं प्रतिदान, न करुँगा अन्य कामना
ये मेरी अंतरात्मा करती है मुझे, प्रति क्षण मना ।
प्रतिदान में मिले जो प्रीति, है ये वो पण्य व्यापार
उदार, निर्मल भाव लिये मैं हृदय से करुँगा दान अपार ।

निर्लोभ, निष्काम मन से करूँगा सकल वितरण
जो न माँगे भिक्षा, करुँगा मैं उसे स्वेच्छा से अर्पण
पायी मैंने अविश्रांत धारा सी, अंतस में जो उदारता
कैसे करुँ हीनभाव से मैं इस विश्व से दूर कृपणता ।

आओ ! ले जाओ सब प्रीति, हे भगिनी ! हे, भ्राता !
हे ईश्वर ! भिक्षु न बनाओ मुझे, बनने दो मात्र दाता ।

■

कविशेखर चिंतामणि महांति (1867 - 1943)

वे एक ही धारा में कवि, संपादक एवं उपन्यासकार के रूप में बहुमुखी प्रतिभा के अधिकारी बने रहे । उनके महनीय कवित्व की कृतियों को स्वीकृति देते हुए उन्हें आंध्रप्रदेश विश्वविद्यालय ने कविशेखर के उपाधि से विभूषित किया था। वह 'घुमुसर' काव्य, 'महोदधि', 'महेंद्र', 'उत्कलकमल', 'सप्तरथी', 'भारतभावना' आदि काव्य कविता के स्मरणीय सृष्टा हैं।

निर्जनता

तुझसे मुझे असीम प्रेम है, ए ! निर्जनता
नीरव रह कर सिखाती, जीवन की सार्थकता
योगी का ईप्सित धन, रखा है कर संचित
कल्पना की कुंजी, कवि-हस्त करती समर्पित ।

कई चित्रों व कई चरित्रों का, किया तूने संपादन
जिसकी जो कामना तू करा देती उसका दर्शन
चिर कोलाहल प्रिय, उन आत्मश्लाघी जन को
रखते हैं जो तुझ पर, सखी ! अपने विषाक्त नयन को ।

विस्तीर्ण प्रांतर, वन-कानन, मरू, व गिरि-दरी
इन सकल स्थानों की तू है अति प्रिय सहचरी
कौन करता पीड़ित की पीड़ाओं का ह्रास तेरे बिन सजग
मिलती उसे सांत्वना, जो न रहे तुझसे कभी विलग ।

ए, निर्जनता ! तू मेरी वांछित मनोकामना प्रिय
इस कारण से तुझ पर है मेरी ममता अतिशय ।

स्वर्गद्वार

इस पथ पर देवताओं का होता निरंतर आगमन
विश्वेश्वर की महारति का करें साभार दर्शन
उदार गंभीर कंठ से निस्सृत महाप्राप्ति का सार
उनके आगमन की वार्ता का मानो करती सुप्रचार।

उस अतीत में धरा पर होता अवतीर्ण स्वर्ग
मही भी होती स्वर्ग सम पा कर उसका संसर्ग
विराट निर्जन समय का होता ये पवित्र स्थान
संसार की मोह माया से दूर करता, वो अवस्थान

होतीं व्याप्त चहुँ दिश किरण मालाएँ, प्रति स्तर पर
मनुष्य-भाग्य -उर्मि जैसे नियति के सागर पर
महानंद में, महा अनुभव में होता मन तल्लीन
महार्णव के उपकंठ पर जैसे तरणि होती लीन।

भावुक मानव को होती आत्मसत्ता विस्मरण
यही है इसके अमर, अति दुर्लभ सुख का कारण।

■

उत्कलमणि गोपबंधु दास (1877 -1928)

आधुनिक उत्कल के कर्णधार एवं प्राण प्रतिष्ठाता पंडित गोपबंधु दास की कवित्व शक्ति अकल्पनीय है। गण-जीवन के आदर्श प्रतिनिधि स्वरुप ओड़िशा प्रदेश की सेवा करना ही उनके जीवन का चरम संकल्प एवं पवित्र व्रत रहा । 'वह धर्मपद', 'वंदी र आत्मकथा'(वंदी की आत्मकथा), 'कारा कविता', 'गो माहात्म्य' एवं 'नचिकेता उपाख्यान' जैसे उत्कृष्ट काव्य कविता के योग्यतम प्रणेता थे।

अल्प बर्षा के पश्चात नराज का दृश्य

सदा मानव जीवन लक्ष्य रहा सत्य, शांति व सुख
हो कर व्याकुल जिसे वो व्यस्त संसार में खोजता
ऐसा स्थान सौभाग्य से यदि कभी उसे मिलता
विहित मुहूर्त्त में होता अपसरित दारुण दुख ।

सद्यस्नात नराज की सकल छवि है शुद्ध तरल घन
अस्तमित रवि इसके उल्लास को करता द्विगुणित
हरीतिमा इस शस्य क्षेत्र की है चतुर्दिग में विराजित
विशद नदी के वक्ष पर होता है इसका प्रतिफलन ।

शैल के शीर्ष पर होता शोभित पवित्र शिवालय
समग्र हरिताभ का दृश्य इसका लगता अति मनोहर
नील-कृष्ण मेघमालाओं में मयंक जो आया उभर
शिव के वशीभूत गहन शांति का रहस्यमय निलय।

करो दर्शन इसका तृप्त नयनों से, हे मेरे मित्रगण
ये सौभाग्य व सुयोग मिलते जीवन में अल्पक्षण ।

■

कवि पद्मचरण पट्टनायक (1885 - 1956)

कवि पद्मचरण जी ओड़िआ गीति कविता में अति सचेतनता सहित जातीय चेतना एवं व्यक्ति धर्मी प्रेम-प्रासंगिक चेतना के मध्य समन्वय ला पाने में सफल हुए थे। धउली पहाड़ एवं 'खोर्धा प्रथम दर्शने' सदृश जातीयवादी रचना रचने के साथ साथ 'प्रीति स्मृति', 'विजयिनी', 'रूपसी' आदि प्रणयधर्मी कविता उनकी कवित्व शक्ति का यथार्थ निदर्शन है तथा 'गोलाप गुच्छ', 'आशा मंजरी' आदि कविताग्रंथ उनकी काव्य साधना के उज्ज्वल स्वाक्षर है।

रूपसी

मृद मंद पदचाल से, रूप-संभार से हो रही उरा कंपित
चलती हो अहंकार से, कह देगा कोई हो कर भ्रमित
नृत्य करती, दिखाती हो जो त्रिभंग मुद्रा में अंगभंगिमा
बरसाए कदाचित स्वर्गसुधा इस धरा पर वो भावभंगिमा।

स्मिता का हो ऐसा गुंजन कि हो कुसुमित अशेष सुमन
मेघों का संगीतमय स्वर, धरा -कर्णों में होता रहे गुँजन
अदृश्य हो कर होती दृष्ट, खोल कर हाट श्रृंगार का
करो लेपन अंजन का संतापित नेत्रों में संसार का।

पुरुष के नयन द्वार से ,विराजित हो हृद सिंहासन पर
भर आओ प्रति प्राणों में नितदिन उन्मादना, उच्चाटन कर
संसार के तुच्छ रज कण बने तुम्हारे स्पर्श से स्वर्ण रेणु
महा कारागार में गूँजता रहे अमरत्व का वीणा -वेणु।

बरसाओ ! बरसाओ ! हे रूपसी, रूप की अमिय धारा
तुम बिन कौन करेगा ह्रास विश्व की ये विष ज्वाला ।

■

प्रीति स्मृति

निदाघ हुआ है प्रखर, मधु काल का हुआ अंत
ग्रीष्मानल में तरुलताओं के झर गये पर्ण अनंत
मलय लौटा कर हर्ष, चला गया किसी और देश
क्या सज्जित होगा कोई पुष्प,ले कर मोहन वेश ?

तरुण कोमल प्राण में किसके भरेगा अपार भय
करेगा पूर्ण किसके ह्रदय में तरल प्रीति मधुमय
करेगा उद्वेलित किसका वक्ष, उन्माद भर कर
किसके वस्त्रों में या आँचल में छुपाएगा सुधा झर ।

क्या उसके लिए कोकिल की तान में है मधु स्वन ?
शाख -शाख, वृक्ष -वृक्ष उड़ती भर स्वर में उच्चाटन ?
इस बसंत विरह से व्यथित, है उसका ह्रदय अति
खींची है ह्रदय में पत्थर की रेखा, प्रीति की स्मृति ।

यही है प्रीति की रीति, सखी ! तू रहे निर्भय सर्वदा
जाता यदि यौवन,तो जाने दे,रहे स्मृति इसकी मधुर सदा ।

■

कांतकवि लक्ष्मीकांत महापात्र (1888-1953)

ओड़िशा प्रदेश का जातीय संगीत 'वंदे उत्कल जननी' के रचयिता कवि लक्ष्मीकांत जी ने गद्य, पद्य, नाटक, शिशु साहित्य आदि विधाओं में लेखनी चला कर अपनी प्रतिभा सिद्ध की है । कांत साहित्यमाला उनकी विपुल सृष्टि का भंडार है। 'जीवन संगीत', 'जातीय संगीत' एवं 'चटक चंद्रहास', 'चम्पू' आदि के वो कृतविद्य सृष्टा रहें।

मानसी प्रतिमा

ऐ हृदय ! हो कर उन्मत्त किस ओर गमन करते हो ?
किस उद्दाम भाव से सदैव होते रहते हो विभोर ?
किस अतीत-स्पर्श के सह सदा एकमुख रहते हो ?
कहाँ है वह चंद्रमा, जिसके तुम सदा रहे चकोर ?

क्या है वह उत्तर-मेरु अथवा अयस्कांत मणि समान ?
अथवा है वह आराध्य देवता, प्रत्येक का हृदय-वर ?
क्या है वह त्रिभुवन -सुषमा की अपरिमित खान ?
क्या है वहू कवि की कल्पना अत्यंत मधुर सुंदर ?

क्या नहीं है उसका कोई स्वरुप ? कल्पना वा आदर्श ?
क्या वह त्रिभुवनमय सा,..... चहुँ ओर है परिव्याप्त ?
नहीं है क्या उसका कोई रूप - रस -गंध अथवा स्पर्श ?
इन्द्रियों से अगम्य जो बाह्य आकार से कैसे करोगे प्राप्त ?

दिव्य दृष्टि से आंकलित कर , अंतस की सीमा
देखो ! मानस मध्य उसकी दिव्य मानसी प्रतिमा ।

■

कवि कुंतलाकुमारी साबत (1900 - 1938)

क्षीण जन्मा कवयित्री कुंतलाकुमारी जी ओड़िआ कविता उद्यान की एक सहास्य शेफाली है। ओड़िआ साहित्य के इतिहास में इस विदुषी ने अपने स्वतंत्र परिचय की सृष्टि की है। केवल ओड़िआ में नहीं हिंदीभाषा में भी उनकी कई रचनाएँ पत्र पत्रिकाओं में प्रकाशित हुई है। उनके द्वारा रचित 'स्फुलिंग', 'अंजलि', 'अर्चना', 'उच्छ्वास' आदि कविता संकलन जैसे प्रेम, जातीयता बोध, प्रकृति प्रीति, एवं मुक्ति के महामंत्र से अभिसिक्त हुए है ।

प्रभात

मृदु मंद बहता पवन, तरु पल्लव भी होते कंपित
मंद-मंद झरता शिशिर करे, श्वेत मुक्ता को निंदित
मंद गति से हुआ उदीयमान नभ पर अमल रवि
पूर्व में जैसे सिंदूरी पट है अथवा रम्य सुवर्ण छवि ।

अथवा पूर्वी रूपसी के भाल पर शोभित सिंदूर बिंदु
प्रवाल के स्तर पर अथवा चित्रित नीलाभ युक्त सिंधु
तमस और प्रकाश के अति शुभमय मिलन काल पर
दृश्यमान हो रहा म्लान होता शुक्र, प्रतीची के भाल पर ।

वो शशि म्लान क्षीण रेखा सा हो रहा लुप्त ,
तम की यवनिका मंथर गति से नभ में हो रही गुप्त
उसके पश्चात् आगमन करता रम्य दिव्य आलोक
जल स्थल कर अतिरंजित स्वर्णिम करे द्विलोक ।

अथवा आकाश की पूर्व दिशा है जैसे अति समृद्ध
सजाया है पूजा संभार, जैसे धरा हो मोहपाश बद्ध ।

कवि गोदावरिश महापात्र (1898-1965)

सारस्वत साधना के आद्य नैवेद्य स्वरुप १९१८ में प्रथम प्रकाशित कविता संकलन है प्रभात कुसुम। 'उठ कंकाल' के कवि, 'नील मास्टरनी' का गाल्पिक, 'विद्रोह' का औपन्यासिक एवं 'निआं खूँटा' के संपादक के रूप में उनकी प्रतिभा मध्याह्न सूर्य सम दैदीप्यमान रही है।

आज इस प्रभात में

धरणी का रूप-अर्णव, आज इस प्रभात में हुआ उद्वेलित
श्याम-शीरी, पीत सागर में मानो हुआ परिवर्तित हो प्रज्ज्वलित
कामनाओं की तीव्रतम शिखा को, उन्मुख शिखर देखता
दूर से शीर्ष उठाकर, महाकाश के तले करताल है गूँजता

गतिमान विहंगम के निःसंग संगीत से विस्मित धरा-नव
जैसे शीतल शीर्ण तनु ने जाते हुए किया मुखरित ये उत्सव
गूँजती है ध्वनि खेतों में, जैसे कोई झंकार या तीक्ष्ण श्वास
पक्व शस्यपात्र सा मृत्यु पश्चात आता जीवन में उच्छवास।

अविराम सुनते ये संगीत, ये शत उच्छवास, ये निःश्वास-नाद
यौवन शिखर तले कामना-निर्झर रचती हो कर निर्विवाद
अतीत की मृत्यु के कर्ण में मधुर संगीत, सुनो हे, वन उपवन
जाग रहा है वसुधा पर, इस नव प्रभात में उज्ज्वल जीवन।

धरणी की रूप शिखा नित्य यौवन के तट पर होती प्रखर
क्लांत वक्ष, श्रांत तनु, ना करता अपेक्षा मेरा यौवन नगर।

∎

मेरी मानसी

कहीं किसी दीर्घातीत मृदुल स्मृति के सिंधु-तट पर
आज कहती जो कुछ, हो रही झंकृत कर्ण पट पर
स्निग्ध रस की रागिनी से प्रकाशित हो जाता मन
रूपसी चन्द्रिका के आलिंगन में देखता कोई स्वप्न ।

दीन कवि मैं, जीवन के पथ का गिरि-दुर्ग सी तुम
दुर्ग-निवासिनी, जीवन के प्रथम प्रभात की कुसुम
यौवन के प्रथम प्रहर में हुआ संग तुम्हारे परिचय मेरा
हुआ प्रतीत उस दिन जैसे है प्राण में घोर संग्राम का डेरा ।

कौन हुआ विजित, किसकी विजय, प्रतीत न हो पाया
तुम चले गये किंचित बिलंब पश्चात, मैं भी चला आया
उस दिन से इस क्षण पर्यंत, है वो संग्राम गाथा जीवित
निर्वासित वासना करती उत्पन्न, प्राण में व्यथा अमित ।

हे, दूर-निवासिनी ! रह कर पृथक ही रचा मधुर रण
मेरी मुक्ति, मेरा अस्त्र, मेरा प्राण, तुम ही मेरा तारण ।

∎

कवि वैकुण्ठनाथ पट्टनायक (1904 - 1979)

प्रेम, प्रणय,संवेग एवं उद्दीपन के मार्मिक रूपकार कवि वैकुंठनाथ जी, परवर्ती काल में एक रहस्यवादी तथा अतींद्रिय चेतना की उपासना कर एक विदग्ध काव्यपुरुष में रूपांतरित हुए। 'काव्य संचयन' एवं 'उत्तरायण' संकलन में उनकी लेखनी से शताधिक सोनेट, गाथा कविता एवं रहस्यवादी कविता निसृत हुए हैं।

मधुनिशा का प्रसून

दिया जो प्रसून तुम्हे आज, उसे किया तुमने छिन्न
न कर पायी स्वीकार तुम सरल प्राण का प्रीति चिह्न
जिसके रूप,स्पर्श व गंध से तुम हो रही थी विह्वल
क्या देखा है अंतराल में इसके सघन दृगांबु तरल ?

देखा नहीं कभी जो मेरी प्रियतमा !नहीं देख पाओगी ?
यदि देख पाया कभी ,क्या स्मृतिपट पर लिख रखोगी ?
हे प्रियतमा ! ये अज्ञात निश्छल प्राण प्रथम मिलन में
दिया है जो कुसुम, क्या संचित कर पाओगी मन में ?

सकल माधुर्य उसका इस प्रहर पर्यंत,देखो न हुआ है शेष
वृंतच्युत अनुरक्त पंखुड़ियाँ चाहती देह पर होना निःशेष ।
हूँ अतिशय मुग्ध मग्न मैं, देख इस मधुनिशा का उत्सव
ढलती रजनी के अंतिम प्रहर में हुआ क्षुण्ण नारी का गर्व।

न है उदास न हुआ शेष, कुसुम में है अब भी मादकता
मधुनिशा के कुसुम को न होगी विस्मृत व्यथा की मधुरता ।

■

उपहास मृदा का

रच रहा था वो आलय नैपुण्य सकल अपना दे कर
न ड़ाल पाया छत, सब रह गया ईंट, चूना, पत्थर
गिने जा रहा था वो असंख्य सुख, मृदुल कल्पनाएँ
कहाँ होगा उद्यान,कहाँ सहेजेगा प्रिया की कामनाएँ ।

चिंतन में था हर्षित पुर ,प्रिया की श्वेत पुष्पी स्मिता से
अपूर्व आनंदित होगा जो शिशु किलोल की मधुरता से
धरती पर सृष्ट करेगा वो एक भव्यतम, उच्च सिंहासन
मृण्मय कुटीर होगा आभासित,जैसे दिव्य देव भवन ।

कर उत्सर्ग प्राण, दे हृदय और अद्भुत कला कौशल
की थी कल्पना खिलाने की मरुथल में ऐश्वर्य कनल
हुई समाप्त क्षणभर में चिंताग्रस्त परिकल्पनाएँ समस्त
उस पार किसी पुकार से सहसा, हुआ मन गह्वर त्रस्त।

शिशु समान,करते रहे अट्टाहास ईंट पत्थर,अंधकार में
सुनाई दे रहा था राम नाम सत्य, निर्जन निशांधकार में।

पद्मश्री ड़ॉ. मायाधर मानसिंह (1905- 1973)

ड़ॉ.मायाधर मानसिंह जी ने एक ही धारा में एक विशिष्ट शिक्षाविद, संपादक, साहित्य के ऐतिहासिक, प्रबंधक, समालोचक, नाट्यकार एवं कवि के रूप में ओड़िआ साहित्य को परिपुष्ट एवं रुचिमान किया है। उनके रचित 'धूप', 'हेम शस्य', 'हेम पुष्प', 'कोणार्क', 'माटि वाणी', 'जीवन चिता', 'सिंधु' एवं 'बिंदु' आदि अद्वितीय कविता संकलन हैं। उन्हें १ ९ ६ ३ में पद्मश्री उपाधि से बिभूषित किया गया था।

प्रेम -स्पर्श

उस दिन, नीरवता पूर्ण निशीथ में बलभी
था परिपूर्ण - आलोकित, चंद्र-किरण में तभी
सहसा किसी के मृदु कंकण की झंकार से
हुआ झंकृत मंद मंद । था मैं चकित उसकी पसार से ।

देखा तो, मेरे नयन द्वय हुएं बंदी क्षण में
किसी के सुंदर कर-पत्र में , कनक कंकण में
कपोल में देते हुए तीक्ष्ण दाग, कर्ण में कहा
'कौन हूँ मैं" कहो मेरे श्रवण में संचरित हुआ ।

वो मधुर अस्पष्ट ध्वनि मेरे मर्म -पथ पर
परिचित सा स्पर्श व परिचित मधुर स्वर
सहसा लाया वक्ष में । धर उसके कर ताने
धीरे से उस सुंदर मुख को किया आवक्ष मैंने ।

आघ्राणित की उसकी पुष्प-गंधी मंजुल कवरी
उस एक ही आघ्राण से हुई व्यतीत विभावरी ।

■

प्रतीक्षा

अंतिम यह ज्योत्स्ना स्नात निशा,लिये तप्त हृदय
मैं विदग्ध कवि, तुम्हारा सुंदर पथ रहा हूँ निहारता
मेरी चित्त-सांत्वना के लिए रच रहा संगीत वलय
हो कर तंद्राहीन, रात्रि भर व्यथा अनुभव मैं करता।

नि:शेष है तांबूल - पात्र, शीतल हुआ शयन
शर्वरी - शीकर और शीत-समीर के स्पर्श से
म्लान ये प्रदीप -रेखा, मुक्त है यह वातायन
दिखता मलिन इंदु, नभ के श्वेत -पीत प्रदर्श से ।

था अंतिम दृश्य,अंतिम चंद्रप्रभ-निशा तिरोहित
गवाक्ष से वो वृक्ष-छाया में, तमाच्छन्न पथ पर
मेरी उपेक्षा के लिए, इस जग में रहूँगा जीवित
इस वक्ष के रक्त में , क्षुद्र अभिमान भर कर।

संपूर्ण निशा हुई व्यतीत, हाय ! मेरी सुदक्षा नारी,
कंपित न हुई मेरी नगरी कोमल पदचाप से तुम्हारी ।

■

पद्मश्री राधामोहन गड़नायक (1911-2000)

प्रभादीप्त प्रतिभा के अनन्य शिल्पी कवि राधामोहन गड़नायक के 'उत्कलिका' (१९४५), 'मौसूमी' (१९५१), 'पशु पक्षियों के काव्य' (१९५९), 'धूसर भूमिका' (१९६०), 'सूक्त का स्वप्न' (१९६१), 'सूर्य एवं अंधकार' (१९७४) आदि प्रकाशित कविता संकलन हैं । १९७५ में 'सूर्य एवं अंधकार' कविता पुस्तक के लिए उनको केंद्र साहित्य अकेडमी का पुरस्कार प्राप्त हुआ था ।

सरसी पथ पर

नहीं है वह गगन का तारा अथवा कोई चंदनी लता
उसके लिए न कवि ने गायी है कभी कोई कविता
मात्र मेरे लिए रहा है उसका मूल्य अपरिमित
नहीं है यदि रूप -रमा,रूप -शिरी से वह शोभित ।

पल्ली के सरसी- पथ पर मिला था वह उससे निर्जन में
जीवन के मधुमास में वो सुकुमारी के अल्प यौवन में
कंपकपाता, अपने वेश- वसन में कौमार्य उसका
हो रहा था विकसित तभी, उन्मुक्त कैशोर्य उसका।

संकोचहीन स्वर में किया प्रश्न उसने छेड़ मोहित मोहिनी
हूँ रूपहीना किंतु गाओ तुम मेरे लिए कोई गीत रागिनी
कहा मैंने, कवि तो नहीं मैं, न ही लिखता कविता न्यारी ,
हे, सुभगा ! कैसे पूर्ण कर सकूँगा मैं याचना तुम्हारी ?

उसने प्रतिउत्तर में कहा मुझे, लिये मुख पर क्षीण हास
सुंदर, बनो कवि ! मेरे लिए, जिससे हो इस दु:ख का ह्रास ।

मानव है सुंदर (क)

हे सृष्टा ! प्रदान करो आधार, प्रदान करो आयतन
होंगे प्रतिष्ठित जब भी संभव होगा संभोग हमारा
इन्द्रियों के सकल देवताओं ने प्रार्थना कर उच्चारा
जैसे वायु अग्नि, दिग दिगंत, चन्द्रमा और तपन

दे कर सम्मति, विधाता हो गये निमिष में अंतर्ध्यान
हुआ आविर्भाव पुनर्वार विहित मुहूर्त्त पश्चात
दिखाया दृष्टिपथ पर, एक श्रेष्ठ धेनु विग्रह साक्षात
हे सृष्टा ! नहीं उपयुक्त यह समकंठ से किया आव्हान

नेपथ्य में हो कर अदृश्य, बोला सृष्टि कर्ता पालनहार
हुआ है अवगत मुझे जो है तुम्हारा अनुग्रह
यह कह दिखाया उसने एक अश्व का विग्रह
नहीं होगा, नहीं होगा समस्वर में सभी ने किया अस्वीकार ।

जब मानव मूर्ति का अवलोकन कराया, सृष्टि परमेश्वर
उच्च स्वर से देव वृंद बोले यह है तुम्हारा मानव सुंदर !!!

∎

(ख)

अंतराल के पश्चात हुआ भाषित स्वर-गुरु मंद
दिया तुमको आधार, और भी दिया आयतन
अब करो इसकी प्रतिष्ठा, करो साकार जीवन
कर योग्य उपयोग इसका, लो सुख-शोभा का आनंद ।

समीरण कराया प्रवेश विग्रह के अंतर
आधार का प्राण बन किया अधिवास
नासांध्र में किया विस्तारित उच्छवास
छंदों सी भरने लगी मधुर मधुर लहर ।

प्रभाकर प्रकाश ने किया विग्रह में प्रविष्ट
नयनों को आलोक से किया आभासित
पावक बन वाक् उसने की कथा भाषित
उसके मुँह से हुए उत्पन्न नवीन स्वर विशिष्ट ।

आनंद की अभिव्यक्ति कर, ईश्वर ने उदबोधन ये दिया
सुकृत है ये मेरी सृष्टि, सुंदर है यह मनुष्य मेरा !

■

पद्मश्री सच्चिदानंद राउतराय (1915 - 2004)

आधुनिक ओड़िआ काव्यधारा के अन्यतम प्रवक्ता एवं पथप्रदर्शक कवि सच्चिदानंद राउतराय गद्य एवं पद्य उभय विधाओं में ही एक आदर्श सव्यसाची थे । गल्प, उपन्यास, समालोचना, पल्लि कविता, प्रगतिवादी तथा प्रयोगवादी कविता क्षेत्र में स्वयं के वैशिष्ट्य स्वातंत्र्य एवं सार्थकता को स्वाक्षर में लिपिबद्ध किया है । 'पाथेय', 'पूर्णिमा', 'पल्लीश्री', 'कविता १९६२' आदि कविता संकलन उनके शिल्प चातुर्य के यथार्थ प्रतिनिधि हैं । १९८६ में सारस्वत साधना हेतु ज्ञानपीठ पुरस्कार से पुरस्कृत हुए ।

जीवन संगीत

है घनीभूत प्रहेलिका सदृश मेरा ये जीवन वन
किंतु रहता अस्पर्श हो कर अत्यंत निकट
मूर्तिमान आशीष सम होता उसका आगमन
शत सिंह के बल से करता नाश बाधाएँ विकट ।

कभी पुन: बन श्रापग्रस्त, यक्षकन्या समान
आशा के अलकापुर से निर्वासित, है कर देता
कभी राजकीय वेश में, कभी भिक्षु का ले परिधान
है रुद्ध रहस्य का द्वार, जो कोई ना खोल पाता ।

ये अबोध जीवन संगीत है वीणा की तान सम
मेरा जीवन है नृत्यरत इस गोपन झंकार से
यवनिका के अंतराल में जीवन की वाणी मम
हो जाती नीरव, क्षण में न होता मुझे भान सार से ।

वन गर्भ में जैसे घुल जाता स्वन विहंगम का
वैसे ही बुझती है जीवन कविता की वर्तिका ।

संसार के पथ पर

इस संसार-पथ पर नित्य कई पंथी हैं चलते
जा चुके हैं कई, जायेंगे भी कई अपने कर्मों सहित
जीवन के श्रेष्ठ प्रयोजनों के कारणों को कर समाहित
कितने भिक्षु इस पथ पर चले गये कई याचना करते।

कितने दीन दरिद्रों के आर्द्र नयनों से कर अश्रु-वृष्टि
तुम्हारे कुंठित दया व करुणा को करते रहे अपहृत
निष्प्रभ चक्षु से पुकारा है कितना दुर्बल हो कर निकृत
पानेको तुम्हारी संकुचित कृपा-कणिका की तुष्टि।

न जाने कितने चलते गये, राजकीय अभियान में
कोई गया है इस पथ पर अपनों को कर पददलित
कोई गया है इस तमस में कर दीपशिखा प्रज्ज्वलित
चला गया कोई जीवन के समारोह में गरिमामय गान में।

जो गया, उसका न हुआ पुनरागमन, जाने वो कहाँ गया
इस अनंत पथ के शेष पर्यंत जयगान करते हुए तुम्हारा।

कवि कुंजबिहारी दाश (1914 -1994)

बहुमुखी प्रतिभा के अधिकारी श्री कुंजबिहारी जी कविता, लोक साहित्य, शिशु साहित्य, भ्रमण साहित्य, प्रबंध, आत्मजीवनी आदि रचित कर ओड़िआ सारस्वत भंड़ार को परिपुष्ट किया है । उनकी अपरिमित कविताएं 'प्रभाती', 'वीरश्री', 'नवमालिका', 'माटि' एवं 'लाठि', 'कल कल्लोल' आदि 'प्रकाशित' हुई ।

सबकुछ तुममय होने दो...

जो पद्म हुआ पुष्पित मेरे हृदय के सरोवर में
उसकी सुरभि से रचूँगा मैं धूप तुम्हारे कर में
अंतर-कानन में जो भाव पुष्प का होगा पुष्पन
तुम्हारे चरणों में करुँगा, उसीसे गीतमाला वर्णन ।

आशा का इंद्रधनुष जो है हृदय नभ पर सुसज्जित
रचूँगा वैसा एक तोरण, प्रिया ! गौरव को कर मिश्रित
इस शरीर में प्राण रूपक बहती है जो श्वासवायु
जीवित रहूँगा उससे रच कर चँवर, जब तक है आयु ।

प्रेम-अश्रु से प्रक्षालन करुँगा मैं तुम्हारे पद-कमल
जैसे तुम्हारा असीम प्रेम ही है मेरी सम्पदा सकल
तुममय सृष्टि-सिंधु कल्लोल का मधुर मृदुल संगीत
हो जाये द्रवीभूत जिसमें, चिर काल मेरा प्रीति गीत ।

जो भी कुछ है वर्तमान, न हो जाये सब द्रव्य तुममय
जैसे प्रेमिल तरंगिणी सिंधु के गर्भ में लेती आश्रय ।

■

अवांछित

अति आनंदित हो कर, वह अवांछित गुल्मी लता
अंकुरित हो रही थी, क्यों किया उसे उद्यान में रोपित ?
किसी दिन किसी के अहं तले होगी पद दलित
क्यों किया प्रस्फुटित उसे, गा कर प्रीति कविता ?

एक बूँद बारिश के बिना, अंत होता काल उसका
क्यों किया मसृण रत्न पत्थर सा, उसका जीवन ?
उसकी प्रशंसा के कारण किया स्वरित वंशी स्वन
देवताओं पर चढ़ने हेतु कुसुम बना माल उसका ।

प्रलयंकारी जल स्रोत में जितना होता हर्षित विनाश
अधिक सहिष्णु है बनाता, स्नान रौद्र-मरीचिका का
बाधाएँ, विघ्न या विपत्ति से भरे जीवन की भूमिका
आज पाया है शक्ति तूर्य का नाद एवं विश्व-प्राण पाश ।

सम्पदा एवं भवन, सभी हैं विपत्ति के सोपान
साहस और धैर्य होतें हैं साथी, हे, बंधु महान !

■

कवि कृष्णचंद्र त्रिपाठी (1911 - 1997)

जातीयवाद एवं मानवविकतावोध के कवि त्रिपाठी की सारस्वत सृष्टि के 'दीप्ती', 'आहुति', 'अग्निशंख', 'उत्स', 'रूपायन', 'गोधूलि', 'तरु' एवं 'तृण आदि कविता संकलन उनके मधुर कवित्व का अम्लान स्वाक्षर हैं ।

दो प्राण...

दो प्राणों का है जो बंधन अतिशय
दो प्राणों के है जो अश्रु प्राणमय
दो प्राणों की है जो मधु आलापना
दो प्राणों की है जो दुर्वह अंतर्वेदना ।

दो प्राणों की है जो मौनता की भाषा
दो प्राणों की है जो हृदय की प्रतिभाषा
दो प्राणों का है जो प्राणपूर्ण स्मित-हास
दो प्राणों की है जो सहस्त्र दीर्घ श्वास ।

दो प्राणों का है जो असहनशील विरह
दो प्राणों का है जो संगम का आग्रह
दो प्राणों का है जो समान दृष्टिकोण
दो प्राणों का है जो पुण्य अंतः कोण ।

इस बंधन में कैसा निहित, अनंत ऐश्वर्य है पूर्ण !
इस ईरा पर कहाँ होगा प्राप्त ऐसा प्रेम संपूर्ण ?

■

मृण की माया

जिस दिन इस प्रिय वसुंधरा का कर स्वयं ही वर्जन
मैं विस्तारित हो, किस शून्य में हो जाऊँगा संचारित
मेरे समस्त प्रियजन, आत्मीय सहोदर एवं परिजन
सभी रह जायेंगे दूर, मानो हों मुझसे अपरिचित ।

मुझे प्रेम इस धरा से न मिल पाएगा कभी
नदी, उपवन, क्षितिज तट की हरित अरण्यानी
होगें अपरिचित मेरे पथ, घाट, वन, खेत सभी
शरद, बसंत, ग्रीष्म, संध्या, दिवा वा तमस्विनी ।

सब कुछ रहेगा पृथक, सब कुछ कर विच्छिन्न
इस मृण से लूँगा विदा मैं , अश्रु हो रहें पूर्ण
नेत्र द्वय में क्यों ? किस कारण से मन होता खिन्न
पाने को इस मृण संग शाश्वत बंधन, संपूर्ण ?

मेरे इस तत्त्व को ये माया जिस देश भी ले जाए
इस मृण का हूँ मैं,इस मृण से मोह न भूले भुलाए ।

■

न आएंगे लौट कर?

तुम झड़ जाओगी और मैं भी मुरझा जाऊंगा एक दिन
इस मिट्टी से एक दिन हम चलेंगे पृथक और भिन्न
यही तो निश्चित सत्य है । यही तो है व्यथा उभय की
जितनी अतृप्तियाँ हैं सक्रिय हमारे ह्रदय द्वय की ।

सब द्रवीभूत हो जाएँगी एक दिन इस महापारावार में
नीलकांत शोलरी की वन-लताओं की धार में
आम्र,श्रीफल के वृक्षों से आवृत्त है यह गाँव हमारा;
इस स्थल पर क्या होगा कभी मिलन मुझसे तुम्हारा ?

होऊँगा मैं किस स्थान पर,होओगी तुम भी और कहीं;
इन समस्त आत्मीय बंधनों का कोई मूल्य नहीं,
दो पंछियों जैसे न आ पाएँगे यहाँ उड़ कर

यह हमारी धरित्री की मिट्टी है जैसे मुग्ध राजपुरी
कितनी आशा -आकांक्षाओं की, कितने स्वप्नों से भरी
नहीं रच पाएँगे जीवन का मुग्ध क्रीड़ा घर ।

■

कवि गुरुप्रसाद महांति (1924 -2004)

ओड़िआ प्रयोगवादी कविताधारा के प्रमुख आवाहक कवि गुरुप्रसाद जी ने निर्वहन अंग्रेजी कवि टी. एस. इलियट की काव्य चेतना से प्रभावित होकर आधुनिकवाद को प्रतिष्ठित कर ओड़िआ कविता जगत में गुरुत्वपूर्ण भूमिका का निर्वहन किया । उनका कविता संकलन 'कालपुरुष' इलियट की 'द वेस्ट लेंड़' की छाया में रचित है। 'नूतन कविता' (१९५५), 'समुद्र स्नान' (१९७०), 'आश्चर्य अभिसार ' (१९८८) उनकी अनन्य काव्यसृष्टियां हैं । १९७३ में उन्हें समुद्र स्नान कविता संकलन के लिए केंद्र साहित्य अकेडमी पुरस्कार प्राप्त हुआ था ।

चंपापुष्प

जब सागरीय उर्मि चंपई सुगंध से हो कर पथ भ्रमित
आयी तट लांघ कर, तब हुआ तटिनी- वक्ष आर्द्र रहित
तब प्रस्तर भी हुआ द्रवित, प्रेत आत्माओं को त्याग कर
श्मशान-योगी हुआ लिप्त मदन में ऋतुमती कन्या सहित ।

अकस्मात मायावी ने की कामना हाथ में लिये चंपापुष्प
पत्थर बना राजकुमार और अस्थि अवशेष बने मुक्तापुष्प
अकेला पुष्प पुन: दिया कोटिश मानवों का मूल्य अपार
झर कर जब बहता रहा स्रोत भर राजकन्या का वेणी-पुष्प।

चंपई सुगंध में होता जो तीव्र असीम अकल्पनीय इंद्रजाल
जलता है वह्नि रक्त में, वक्ष में, श्वास में भी अग्नि कराल
वक्ष और श्वास में अग्नि, देह देह में होती विद्युत की चमक

विद्युत की चमक जो है वनाग्नि, ध्वस्त सब हो जाता
मेदिनी वक्ष पर होता शायित जल कर सब पाँस होता
तब मांस होता स्फुटित पुष्पों में, निद्रा में स्मृति होती रोमांचक ।

■

स्वप्न और देह

इस एक रात के स्वप्न में असंख्य देहों के स्वप्न हैं गतिमान
प्रति नक्षत्र में है क्लांति, सुप्ति और अन्यमनस्कता
आज इस बालू की अनुर्वर निर्जनता की देह में पवमान,
सिहारित हो कर होती नष्ट, कितनी देहों की कविता ।

हिमकण बने, कितने तिक्त रातों की शिशिर,पलकों में
फूट कर कितने झर गये, क्लांत अधरों के तटबंध पर
कितने चंद्रमा हुए म्लान, निस्सीम थकित अलकों में
झरते रक्त कितने,बसंत की ज्वाला में बुझ गये, जल कर ।

विवर्ण देह के कितने स्वप्न समय के हाथों हुए विलीन
अब तक काटते हुए कितनी देहों, कितने होंठों की फसल
कितने मांस और चर्म हो गये, मृदा कणों में लीन
इस बालू में मृत्यु को किये वरण रूप-देह के कितने जंगल।

मैं यदि तुम्हें पा जाता, पार करके ये मन और देह
कदाचित मैं पार कर जाता समय की सीमा और संदेह ।

■

पद्मभूषण कवि रमाकांत रथ (1934)

ओड़िआ साहित्य के सर्वाधिक चर्चित काव्यपुरुष कवि रमाकांत रथ श्री राधा के कवि के रूप में सर्वभारतीय स्तर पर सुपरिचित हैं । उनकी सफल साहित्य कृतियों में 'संदिग्ध मृगया', 'सप्तम ऋतु', 'सीमान्तवास' आदि अन्यतम हैं । श्री रथ १९७८ में सप्तम ऋतु के लिए केंद्रीय साहित्य अकेडमी पुरस्कार, १९९२ में श्री राधा के लिए सरस्वती सन्मान एवं २००६ में पद्मभूषण से विभूषित किये गये ।

लालटेन

बत्ती की लौ, कुछ धुँआ, कुछ कीट और मिट्टी का तेल
ये समस्त एकत्र हैं एक धातव पात्र में हैं आवेष्टित
आवरण रहित धातु पात्र में अग्नि सागर का तेल से मेल
लहराते हुई भयंकर कृष्ण रजनी में है होता प्रज्ज्वलित ।

अग्नि जलती प्रकृति अनुरूप, न करे धातु की सीमा भंग
शांत शिशु सा ये क्रूर अग्नि, कौतुकागार के व्याघ्र समान
मानो वो है न परिचित इस श्याम रंग- धातव पात्र संग
और जानती ही नहीं कि कैसे लालटेन का बढ़ा तापमान ।

तुम वो जो मानसूनी आलस्य को पलकों तले भर कर
करते हो प्राणपण श्रम, कर नेत्र-गोलकों का संचालन
एवं घने कुंतलों की गहनता में गूँथ लिया एक चंपक भर
क्या तुम देख सकती हो मेरे इस अस्तित्व का प्रज्ज्वलन।

कर सकती हो अनुमान, मैं हूँ तीव्र तप्त व्यथा सह रहा
एक मध्यम धोती एवं इस्तरी किए हुए आधे कुरते में रह रहा।

■

कवि चिंतामणि बेहेरा (1928 - 2005)

आधुनिक ओड़िआ कविता के इतिहास में एक श्रद्धाशील नाम है चिंतामणि बेहेरा । रोमांटिक चेतना सहित कविता की दार्शनिकता को दिव्य स्पर्श से समन्वित कर एक भिन्न काव्यजगत निर्माण किया है । उनके द्वारा 'श्वेत पद्मा', 'स्वस्तिका', 'तृतीय चक्षु' आदि कविता संकलनों को मानववादी चिंतन में रचित किये गये हैं ।

दर्पण

मात्र एक मुहूर्त्त को उसके अधरों को चिबुक से लगा कर
पीता रहा मैं स्वप्न-सुरा जिसका कोई तुल्य नहीं मर्त्य पर
सकल धन को वस्तुत: कभी भी ,मृत्यु कर सकती है हरण
किंतु न मिटा पायेगा कभी सृष्टि संहारक वो मधुर संस्मरण ।

वो वर्षा मेरे जीवन मरू की ,थी मेरे प्राण से प्राण निहित
आई थी कुछ क्षणिक काल करने मेरे स्वप्न को सुरभित
ये अग्नि क्षरित अंतस ,उत्तापित दग्ध जीवन प्रांतर
देखा था कभी भवित स्वर्ण-शस्य का संकेत ये वक्ष गह्वर ।

वो विदा ले चुकी है, हृदय में रख कर क्लेश अमृत सा
नीरवता में करता विलाप मैं पाने को प्राण-स्पर्श उसका
नहीं जानता मैं, दिया है उसने मुझे कैसा अमूल्य धन ?
जिस कारण उसके लिए जाग रहें अहोरात्र प्राण और मन

बिना उसके मैं एक श्मशान, हूँ जीवित साथ लिये स्मृति
पाया है मुहूर्त्तों से शाश्वत का आश्चर्य दर्पण की अनुभूति ।

■

वृक्ष

मृदा-स्तर कर भेदन,हुआ उद्भव मेरा,हूँ मैं जीवंत वृक्ष
पी कर गगनालोक... कौन हो तुम संहारक दुर्जन ?
श्वास मेरे करने रुद्ध, मेरे विरुद्ध रचते हो षड़यंत्र रुक्ष ?
प्रफुल्लित हैं हरे पर्ण मेरे विषवाष्प का कर श्वसन ।

विकासपथ पर जो तुम कर रहे हो समूहन अशुद्धता का
स्तूप सा कर एकत्रण,क्या कर पाओगे मुझे विनाशित ?
मैं प्रकृति शिशु, कर भिन्न और विदारण उस मलिनता का
अनुभूत है मुझे हृदय से कि, करूँ मैं प्राण शिखा संरक्षित

क्या तुम नष्ट कर पाओगे,वृक्ष का मुक्तिकामी अंत:करण ?
प्रति मुहूर्त्त वक्ष पर लिये जो महाकाल का बिंब अतिकाय
चाहता जो करना समृद्ध सफल रुक्ष मृदा का रूपांतरण
क्या हो सकता, तुम्हारा ये अभिसंधि उसका अंतराय ?

पा कर नूतन प्राण तुम्हारे,वो सड़े हुए,अशुद्ध, व्यर्थपदार्थ
हे क्रूर ! तुम्हें तो होगा ही ज्ञात, होंगे वे उपयुक्त मेरी सेवार्थ ।

■

कवि बिभुदत्त मिश्र (1936 - 2003)

कवि बिभुदत्त मिश्र की कविताएँ प्रेम एवं प्रणय के अद्भुत विलास से अभिषिक्त है । सोनेट रचना क्षेत्र में उनकी दक्षता चमकप्रद है । 'उर्वशी की चिट्ठी', 'हे सारथी ! रथ रोक', 'एक शत सोनेट', 'सुपर्ण का संगीत' आदि उनके प्रकाशित कविता संकलन है ।

मृत्यु के लिए

जरा की विकराल छाया से आविष्ट देह व मन के गगन
जिस दिन आएगी घिर कर मृत्यु का महावेगमय पवन
यौवन के सारे स्वप्न आह्लाद शौर्य गौरवमयी गीत रंगीन
महाकाल की तरंगों में तब क्षण में हो जायेंगे विलीन ।

इन नील कृष्णिम केशों में विकसित होगी वेदना धवल
होंगे गलित दशन, नेत्र होंगे ज्योतिहीन स्थिर अचंचल
न रहेगा कंपन शरीर में, न रोमकूपों में होगी सिहरन
उद्धत तनु होगा तब शिथिल शीतल न होगा उन्मादन ।

होगा क्षीण आज के प्रवक्ता की विद्वता का तेज अशेष
मुग्ध व्याकुल कवि की तूलिका से होगा छंद निःशेष
आँखों से लुप्त होंगे स्वप्न, उड़ जाएगा कल्पना का विहग
जब प्रीतिमय प्राण पात्र से होता रहेगा अमिय रस विलग ।

कहूँगा उस दिन हो कर हर्षित, कर द्वय कर प्रसारित
स्वागत प्रिया ! इस जीवन की तुम अंतिम सखी ईप्सित ।

∎

महा अभिसार

मृत्यु मदिरा आस्वादन हेतु है ह्रदय प्राण उत्फुल्लित
शेष प्रेयसी से मिलने हेतु रोम रोम में है आज सिहरन
कैसे आएगी वो, किस वेश में, होगा कहाँ उससे मिलन ?
कहेगी क्या वो मौन शब्दों में,या राजपथ होगा प्रकाशित ?

कैसे करुँगा वंदन शेष प्रेयसी का,पुष्पों से या मधुधार में ?
कैसे गाऊंगा मैं जयगीत उसका, वीणा या कविता में रहूँगा मग्न ?
बाहुपाश में करुँगा आबद्ध या करुँगा उसे वक्ष संलग्न
दूँगा मैं प्रथम चुंबन उसके अधरों या वक्ष पर या नाभिगार में ।

होगा निविड़तम वो बाहुपाश,सत्य है,ये कभी न होगा उन्मुक्त
उसके अधरों के स्पर्श से अग्नि शमित न होगी कभी
शेष प्रेयसी की एक पुकार से,पीछे लौटना होगा मिथ्या तभी
ये मृदा-मेदनी,ये हरीतिमा ये सरणी, होंगें तब विषयुक्त ।

उसकी राह से होगें उपेक्षित,मर्त्यभूमि के कृत्रिम उपचार
सदा के लिए होगा सब निशेष ,मात्र रह जाएगा महाभिसार ।

■

कवि सौभाग्य कुमार मिश्र (1941)

कवि सौभाग्य कुमार गहनतम जीवनबोध एवं मानविकतावाद के एक अद्भुत एवं विश्वस्त काव्य शिल्पी है । 'आत्मनेपदी', 'मध्यपदलोपी', 'वज्रयान', 'द्वा सुपर्णा', 'मणिकर्णिका', 'अन्यत्र', 'पुनर्वशु' एवं 'उज्जयिनी' आदि कविता संकलन समहू कवि सौभाग्य जी की सारस्वत साधना का प्रमाण हैं । 'द्वा सुपर्णा' कविता पुस्तक के लिए उन्हें १९८६ में केंद्रीय साहित्य अकेडमी द्वारा पुरस्कृत किया गया ।

बसंत(३)

जलती रहीं चितायें, उनकी देह और रक्त भी रहे हैं जल,
करतीं हुईं चीत्कार,मेरी अस्थिओं को कर विभाजित
मेरे नरम मांस का कर भक्षण, करते हुए अट्टाहास प्रबल
देख रहा हूँ मेरी आँखों को अविचल होते संकुचित ।

तुम हो मेरे लिए मुट्ठी भर पाँस, चाहूँ मैं तुम्हारा आश्रय
रख मुझे किसी डिब्बे में, जल में उसे कर देना न्क्षेप
तुम हो स्वच्छ कांच से सर जिसमें हैं भरे कुमुद किसलय
मैं घने तम में भ्रमित पथिक, विक्षिप्तता का लिये आक्षेप ।

पुन: होऊँगा मैं जाग्रत कभी, एक तीक्ष्ण छुरी सम्नान
कर खंड़ित अंधकार के विवर्ण हृदय को स्तर- स्तर में
रक्त मांस होगें प्रज्ञा,और प्रज्ञा पुन: होगी क्षमाशीत्न, दयावान
शंखासुर होगा परिवर्तित वेद में,व वेद, सूर्य के रक्तिम प्रखर में ।

बसंत है रक्त की ऋतु, तुम हो रक्त पलाश की मादकता
शब्द संयम तुम और मैं चिर काल से भाषा की साधकता ।

■

अभिनेत्री

नहीं, वो हो सकती इतनी निपुण, जो इंद्रधनुष को
बिखेर कर लुप्त हो जाएगी.. उसकी तृषा आकाश में
जलता है रंग,लहराये शिखा..हाय ! पर नहीं है ज्ञात उसको
कि कैसे उज्ज्वल दिखता मेरा मुख उस अग्नि प्रकाश में

लिये प्रचुर उत्ताप, स्वयं बन जाता उसकी ग्लान मनोवृत्ति
स्मिता के पलाश से जला कर उसी अग्नि में आत्मतोष
लिखा मैंने अतिशयोक्ति..मेरी पुकार से उसकी क्षीण स्मृति
नभ में हुई अदृश्य..लाजवंती, म्लान मुखमंड़ल कर अघोष।

क्या असफल है मेरी ऋतु ? स्तन-क्षरित तिथि का गुँजन
है मृत...। हाय ! विभिन्न वेश के मध्याह्न का समय
पतझड़ की विषण्ण चेतना,एकाकी पक्षी का व्याकुल स्वन

मंजरियों की गंध से सिक्त, तुम्हारा चमत्कारिक अभिनय!
दो मर्मों के कर दव्य, करें मेरी दृष्टि का आलिंगन
कहाँ है इंद्रधनुष ? कहो ! हे मेरी निभृत व्यथा वेदनामय !

■

कवि प्रहराज सत्यनारायण नंद (1942)

कवि नंद का काव्य जगत निविड़ जीवनाभूति एवं दर्शन के निर्यास से अभिभूत है। 'किंवदंती', 'इतिहास', 'पुराण' एवं 'वास्तविकता' के मधुर संयोग से बनी उनकी कवितावली में है एक अपूर्व परंपरा है। 'नीलहंस र ज्वाला' (नीलहंस की ज्वाला), 'अध: पतन र छंद' (अध: पतन का छंद), 'शव संगम एवं अन्य कविता', 'सोनेट', 'सप्त दीपा', 'वसुंधरा' आदि कविता संकलन उनकी सार्थक कृतियां हैं।

करो विस्मृत... समस्त बसंत

करो विस्मृत समस्त बसंत इस वैशाख के द्वार पर
कदापि न करो विस्मृत, एक सूर्य अर्थात एक यातना
मनुष्य के पिंड समान जिसका होता रह रह कर जलना
शून्य कोष्ठक के तले संतरण करती संध्या और भोर भर।

विस्मृत करो यदि मन की प्रार्थना, स्वप्न वा आशा-पाश
अविभक्त रक्त कोठरी में आकांक्षा, उत्तेजना व उद्वेलन
अपरिचित पुष्प के चित्र में परिवर्तित ऋतु का कंपन
न करो विस्मृत, एक मात्र सूर्य-सत्ता का चिर प्रकाश

एक आकाश के सतह पर अगणित रूप और प्रतिरूप
उसके मध्य बिंदु से है व्यक्त, वलय, वृत्त, वो परिधि
समय की यंत्रणा है स्मृति, मृत्यु की स्थिति निरवधि

प्रत्यय की पद्म पंखुड़ियों में हमें वो रखता जाग्रत
की है आशा अंगूठी सम ज्योति, ओढ़ने पटल व छत
जब हम सब एकाकी प्रत्यागत हैं वैशाख के अनुरूप।

मैं उसका पवित्र सूर्य

हूँ मैं पवित्र सूर्य, उसकी अंजलि के जलार्पण में
देखता मेरा प्रतिबिंब, नितदिन उस स्थिर दर्पण में
संगीत का हूँ मैं कोमल संचार ,एक ध्रुपद श्लोक,
उसके अधरों पर दीप्त प्रभात में खोजता मुक्ति-आलोक ।

गतिमान वृत्त समस्त असंख्य घूर्णित गति का
मैं ज्वलंत मध्य बिंदु क्षुधा, तृषा, विनाश व स्थिति का
अथवा मैं समुद्र, मृण, धूमकेतु व उल्का की यातना
अभेद्य कोई सत्ता मैं , उसकी देह,मन,मेधा व चेतना ।

मैं एक मात्र एकाग्र प्रयास, जीवन की ताड़ना-क्रमिक
परिव्याप्त होम-अनल सा, हूँ निरर्थक संभावन–कोटिक
उसके दृगों में होता भिन्न मैं,कभी दिवस, कभी रजनी
भूल जाती वो विस्तृति समस्त, छाया में बैठ अपनी ।

क्षणिक विस्मृति उसको व्यस्त व व्यथा ग्रस्त करती
वो आत्मा में अपनी, ज्वलंत जाग्रत छवि देखती ।

■

२४. कवियत्री बनज देवी (१९४१)

कवि एवं कथाशिल्पी बनज देवी ओड़िआ साहित्य का अम्लान पारिजात हैं। नारीमनस्कता उनकी कविता का प्राण स्वरुप है । 'वन हल्दी', 'भूमिलग्ना', एवं 'स्वर्ण से भरी नाव' (सुना रे भरिचि नाआ) उनके रचित सुमधुर काव्य संकलन हैं।

स्वर्ण से भरी है नाव

चुने गए प्रसून सी भरती रहीं आँचल में वेदनाएँ
जैसे शिशिर की चमक लिए पंखुड़ियों में कलिकाएँ
व्याकुल दृष्टि के पटल पर सिक्त पीड़ाओं की धूलि
शोक के अशोक गुच्छों से भरती रही ह्रदयांजलि ।

मैं एक दिग्भ्रांत पथिक,जैसी तीर्ण मृदा के स्पंदन में
समर्पित किया स्वयं को,अविन्यस्त छंद प्रलोभन में
आये संग मेरे अनेक फूल पक्षी, और मूर्छित काकली
अव्यक्त शब्दों की ध्वनि और अर्ध लिखित पदावली ।

आज सुनती हूँ एक पुकार दिगंत में दूर दिगंतर की
चतुर्दिशाओं में चीत्कार, उद्वेलित तरंग महासागर की
तत्पश्चात, अशोक वन के सम्मुख, है लोहित भोर
कैसा सूर्योदय है आया, बहती जा रही तरणि उस छोर ।

स्वर्ण से भरी इस नाव की, मैं हूँ एक शून्य कर्णधार
न जानूँ मैं,कौन से घाट पर,मिलेगा मुझे वह स्वर्णकार ।

■

कल रात

कल रात चंद्रालोक में तुमने किया मुझे अस्वीकार
कल रात मेरे प्राण में थी अत्यंत एकांत व आतुरता
बढ़ायी थी शून्य अंजलि मैंने लिये असीम रिक्तता
न केवल पुष्पित शाखाएँ, किया नष्ट जड़ो का आधार

अभिज्ञ ये जीवन सरिता , स्रोत भी इसका विषम
उससे भी अधिक विषम है , इस मनुष्य का मन
है हमारे दृग मिचाव का खेल उससे भी सघन
अनंतकाल से अनुनाद समय-नूपुर का, है चरम

अनल के तीव्र उत्ताप से शलभ क्या होता भयभीत ?
होता धन्य वो अपनी विजयी-मृत्यु पर,दे आत्माहुति
अप्राप्त के लिए धावमान की किंतु होती परिच्युति
यही इसका प्रीति- धर्म, यही पथ और विश्वास की रीत

दी कल रात मुझे तुमने चंद्रालोक में अस्वीकृति
दारुण दाह में कर रही मैं पालन प्रीति की रीति।

■

कवि गिरिजा कुमार बलियारसिंह (1954)

कवि गिरिजा जी ने सत्तर परवर्ती ओड़िआ कविता धारा को अपनी मौलिकता से एक अभिन्न परंपरा प्रदान की है । वह ओड़िआ सोनेट की भूमि पर विभोर तपस्वी के रूप में विद्यमान हैं। विशाल सोनेट साम्राज्य के सृष्टा श्री गिरिजा जी के प्रकाशित ग्रंथ हैं, 'क्रोंच मिथुन', 'नील निर्वाण', 'तृष्णा तर्पण', 'भारत वर्ष', 'चित्र प्रतिमा', 'शीत शीर्षक', 'उत्तर मेघ', 'चारण चर्या' एवं 'काव्य पुरुष' ।

महानदी

अक्षरों के आषाढ़ में, अनंतर शब्दों के सावन में
तिल से त्रिकाल पर्यंत, तुम्हें तीर्ण करती तिलोत्तमा,
तृष्णा के नक्षत्रों को सहेजता रहूँगा तुम्हारे ताल वन में
मांग में सजाती रहो, मेरे रक्त की रंगीन ऊषा, हे, प्रियतमा !

समय के उसपार से, आओ स्वरवर्ण सा कर श्रृंगार
व्यंजनवर्ण की व्यथा हो विस्मृत - इस जन्म के प्रेत को
भाषातीत भाद्रपद में, आशातीत अश्विन में लिये उभार
मेरे मोक्ष की महानदी..आओ, लांघ कर संकट संकेत को ।

आवर्तन तुम्हारे आलिंगन का रहे सदा दिगंत पर्यन्त
बह जाए भय -भ्रांति जितनी भूतपूर्व प्रणय की, जो गयीं हैं पसर
कौन बाँध सकता तुम्हे, यदि तुम्हारी अनिच्छा हो अत्यंत ?
हे, ओतप्रोत ओजपूर्ण ओंकार ! उतर आओ आज अधरों पर ।

महोदधि के हृदय में हो जाओ लीन, हे महानदी तरंग !
प्रेम के इस प्रलय में विश्वास ही बन वटपत्र रहे अंतरंग ।

उर्वशी

जहाँ होता है संपन्न सभी संबंधों का सूर्यास्त हरित
जहाँ होती निशि के नीलवर्ण निश्छिद्र नक्षत्रों की नामावली
स्वर्णपद्मा ! वहीं पर तुम करोगी, प्रभात प्रस्फुटित
कदाचित् तुमने दृगों से न झरायी होगी स्वर्ग-शिशिर अवली।

तुम्हारी निर्धारित व्यथाहीनता का स्वर्ग है वर्गाकार
वहाँ चंद्र है चित्रित चौहद्दी जैसा... नहीं है चतुर्दशी
प्रत्येक रात्रि : रति-रात्रि और पूर्णिमा के हैं पंद्रह प्रकार
इंद्र के उस प्रदेश के घूर्णन सी : तुम ही हो उर्वशी ।

पुष्प हैं, दूर्वादल नहीं.. हैं मेघमालाएँ ,किंतु नहीं है मृदा
है अमृत, अश्रु नहीं., नहीं है स्वर्ग में संभावना मृत्यु की
परंतु, मर्त्य के लिए - क्यों एक प्रार्थना अधरों पर है सदा ?
मरण के मृग-वन में, क्यों करती तुम अपेक्षा रमण ऋतु की ?

हे, अनंत यौवना ! क्यों आती हो अभिशाप का कर वरण ?
पुरुष मैं, पुरुरवा: ..इस तीव्र पवन में न कर पाता तरण ।

■

संध्या की कविता (भारतवर्ष)

हे प्रत्न भारतवर्ष ! तुम्हारे सागर में झंझानिल आएँ
क्लांत है तैरते तैरते तुम्हारी प्राचीन सविता
अरब सागर, उर्ध्व उठाए आहत उर्मि सी भुजाएँ
गा रहा आज निविड़ व्यथा में संध्या की कविता ।

तुम्हारा प्राचीन चंद्र,है पथ-भ्रमित, बंगोपसागर में
चीर कर कुरुक्षेत्र को,मनुष्य तुम्हारा प्रत्न तत्त्व पड़ता
खाँस उठती है निर्जनता... काँप उठती है शीतलहर में
हिमाच्छादित दुर्ग का प्रहरी... हिमाद्रि प्राचीर रो उठता।

तुम्हारा अतीत पढ़कर, सुनकर तुम्हारा पुराण प्रवाद
पर्यटक आ कर देखता नदी,ह्रद,पृथ्वी और आकाश
खिन्न मंदिर,मठ, गिरि गुहाएँ, ध्वजा और आदर्शवाद
एवं खोजता इस अर्णव वक्ष पर मृत इतिहास का प्रकाश

परंतु केवल देखता शंख और शुक्ति समेट कर
सभ्यता की मुखशाला- संस्कृति का भूलग्न शिखर ।

■

स्वर्ग का संहार (भारतवर्ष)

हे शून्य भारतवर्ष ! शब्द वाहक संवर्त के श्वास
अतलांत अभ्यंतर में आवर्तित अणु परमाणु
प्रलय के प्रतिभास । है पुंजिभूत प्रसव के प्रास
स्खलित स्वप्न के स्वर में, गाए गीत, गलित ग्रहाणु ।

सृजन का हुआ स्वप्न भंग ! है आपन्न सूर्य का संलाप
अंतर्हित है अष्टनाग - दिवंगत बने दस दिगपाल
अमृत का ये आर्तनाद और भूलुंठित भूमि का प्रलाप
क्षुण्ण तुम्हारा कटाक्ष से क्षय हो रहा दुराग्रह सा काल ।

अंत में शंखिनी शर्वरी से आविष्ट शतशृंग का शिखर
गहन अरण्य में झंझानिल । मुरझाई है चंद्र की चमक
तिरोहिता तपस्विनी -- तृष्णा के तमस्विनी तीर पर
त्रस्त तुम्हारे तपोलोक में तिरस्कृत तारा का तिलक ।

हे शून्य भारतवर्ष ! हे दिग्भ्रांत दिगंत के द्वार !
नारकीय नाराच से संभवत: हो रहा स्वर्ग का संहार ।।

प्रस्तरी

हे प्रस्तरी! हुई थी कभी तुम एक प्रतिमा सी पूजित
सुनी थी तुमने जब स्तोत्रावली, मंत्र पाठ प्रहर प्रहर
जब अलौकिक आसक्ति में चक्षु द्वय थे अर्धमुद्रित
विस्मृत हुए मुझे, पढ़े थे जो कभी मैंने उन दृगों के अक्षर।

हुआ विस्मृत मुझे, कटाक्ष में शिल्पकृति थी किसके लिए' ?
मूर्तिमान मैनावती, तुमने पहनी थी मंदिर की माला
गूंथा था वेणी को किस शिल्पी ने ? विस्मृत सब हुए
स्मृति पट पर शेष रही एक उत्पीड़ित नक्षत्र की ज्वाला

था वो निशा का द्वितीय वा तृतीय प्रहर, हुआ ये विस्मरण
उदित था अर्धनिशीथ - आकाश की असमापिका में
शिल्पी ने किया था पान, 'स्वप्न-नील' सा स्मृति-गरण
वो तो है नहीं, परंतु तुम हो इस अनंत प्रवाहिका नें

हे प्रस्तरी अनुग्रहपूर्वक... अंतत: आज दे दो उत्तर
समाधि वो शिल्पी की, हुई लुप्त किस कुहासे के तट पर ?

∎

*रेफ-प्रस्तर अर्थात पत्थर। कवि ने पत्थर को नारी का रूप दिया है, अतएव..
प्रस्तर से प्रस्तरी शब्द का उद्भव हुआ है...

कवि सुरेश परिड़ा (1955)

कोमल, मृदु भाव की कविताओं का सृष्टा है कवि सुरेश परिड़ा जी। सोनेट की धारा में रचित दीर्घ कविता 'कान्हु' प्रेम प्लावित भाव विलास की अपूर्व कृति है। प्रेम प्रणय की भाषा कितनी निविड़ एवं करुण है, यह कान्हु में लिपिबद्ध है। उनके काव्य संकलन में से 'राजकन्या एवं चित्रकर कथा' एक अति रोचक एवं मनोहर कृति है।

कान्हा (क)

यमुना से दिखता जो पहाड़, अल्प नीला सा अल्प धूसर
उस ओर निहारते बीत जाते कठोर दिवस और दोपहर
श्रृंग, होता क्रमशः गाढ़ा नीलकृष्ण सा, मानो तुम पसरते हो
मेघ ओट से शशि सम, पहाड़ ओट से मानो तुम उभरते हो

मंद मुस्काते मानो मुझे अनुरोध करते लेने मयूर चंद्रिका
यहाँ वहाँ से चुन कर सुमन मुझ पर बरसाते जैसे तारिका
घूमते मेरे चारों ओर वृत्ताकार में, मैं थी केंद्र बिंदु सी अचल
आर्द्र, आरक्त मुख को अंजलि में छुपाते, तरल बिंदु सी निश्चल ।

परिवेश जैसे होता प्रतीत निर्जन सा, और मंद बहता पवन
पुनश्च बदल जाता दृश्यपट, तीव्रतर हो जाता हृदय-कंपन
कालिंदी जल में तुम्हारी छवियाँ, कदंब-शाखाओं पर दिखतीं
तुम्हारे आदेश से, मेरे चतुःपार्श्व में, घेर कर धेनुएँ रहतीं ।

विवश कहाँ जाती मैं ? रही स्थिर वहीं, मौनता सहित ,
जिस ओर देखती मैं, धेनुएँ विषाण से करतीं मुझे क्षुभित ।

■

(ख)

दिन भर यमुना, दोनों तटों का करती रहती उल्लंघन
तुम्हारे नीरव पदचाप का गूँजता अविराम ध्वनन
कौन से मोहग्रस्त स्वप्न के उन्माद से मैं फूलती
ऐसे ही जी रही हूँ, अश्वत्थ पर्ण सी वृंत से झूलती।

मैं कौन सी यंत्रणा में अब होती विगलित निरंतर
किसी सतेज आशा का क्षुद्रतम अंश बन कर
पृथ्वी की मृदा को वाम पद से निरंतर उकेरती
सर्वत्र बिखरे संलापों को सप्रयास समेटती।

व्यस्तता से मुक्त हो चुके समय पर कर दृष्टि केन्द्रित
आज्ञाधीन धेनु सी, उद्यत होती मैं उसे करने नियंत्रित
एक मधुर दिव्य अनुभव में प्रति पल सिहरती हुई
विगत संपत्ति एवं पूर्ण समर्पित सी पिघलती हुई।

कहाँ देखा होगा तुमको, प्रश्न करती मैं मंद चलते मेघों से
किस मधुर बेला में देखा होगा, यह प्रश्न करती पक्षियों से।

∎

कवि सत्य पट्टनायक (1962)

अमेरिका के डबलिन (ओहियो) में निवास करते हुए कार्यरत ओड़िआ साहित्यिक पत्रिका 'प्रतिश्रुति' के संपादक इक्कीसवीं शताब्दी के प्रमुख ओड़िआ साहित्यकार कवि सत्य पट्टनायक जी का सोनेट विधा के विकास में महत्वपूर्ण योगदान रहा है। आपके दो काव्य संकलन 'पाषाणर प्रेम संगीत'(पाषाण का प्रेम संगीत), 'झरका खुला थाऊ' (खिड़की खुली रहने दो) एवं विश्व साहित्य के ओड़िआ में दो अनूदित संग्रह भी प्रकाशित हुये हैं। आप भारतीय साहित्य को प्रोत्साहित करने के लिए गैर लाभार्थी 'ब्लैक ईगल प्रकाशन' संस्था का संचालन कर रहे हैं जिसका उद्देश्य परंपरागत एवं समकालीन साहित्य का पुर्नप्रकाशन, रूपान्तरण, संपादन व अन्य सहायता उपलब्ध कराना रहा है।

आज की संध्या

तुम वही अहंकारी चंदन वन, मैं विजन का पुष्प अवाँछित
तुम अश्विन की मुग्ध मलय, मैं वैशाख की बालुका तपित
तुम सागर की दीर्घ व्याप्ति, मैं लहरों का अल्प आयुष
मैं दग्ध प्राण की अभिलाषा, प्रिये ! है तुम्हारी प्रीति पीयूष

तुम सूर्य की अम्लान आभा, मैं शरद का शेष चंद्रमा
किसी स्वप्न की नील सरसी में सिक्त होतीं देह व आत्मा
भग्न हुई है मग्न-तपस्या, बंदी हुआ है यह यौवन
उन नयनों के तीव्र तीर से अंगों में मेरे उठती सिहरन ।

तुम शिल्पी का तीक्ष्ण अस्त्र, मैं कोणार्क की चारुकला
दिव्य पथ का एकाकी यात्री मैं, प्रीति मेरी पंथशाला
वेद ध्वनि मैं प्रभात की तुम तांडव की रूद्र झंकार
तुम हो वहाँ संजीवनी, जहाँ जीवन है ग्रीष्म का संभार ।

इस संध्या के विभोर एकांत में उन्मत्त है चैत काकली
अपने शब्दों से कर दो मुझे गीतगोविन्द की पदावली ।

∎

एक रात का सोनेट

कज्जलित नैनों की कज्जल-धार से लिये एक बूँद कृष्णिमा
ये निशा-मानिनी जैसे बन रही अति उन्मादी तरुणिमा ।
कर पल्लवित असीमित पुष्पदल सहित समर्पण भावासव
आज तमी की रंगशाला में मुखरित प्रणय का महोत्सव ।

करती रही प्रतीक्षा तुम युगों से, हाथों में लिये आशा के दीपन
खेल रहा अमाप मिथ्या दृग मिचाव साथ तुम्हारे, ये जीवन ।
रात्रि है लाती असीम स्वप्न विभोर, स्वप्न है लाता स्निग्ध माया
बिखेरती है रजनी तमाच्छन्न जीवन में, सुभग इंद्रधनुषी छाया ।

यौवन जो लिख न पाया आयुकाल में जीवन के मधु गीत
शत सूर्य के प्रभास से भी सुंदर और सत्य तमस की प्रीति ।
इस प्रणय मुहूर्त्त में निःशब्द है शंख ध्वनि मौन है विभावरी
गा रही है जैसे ये बेला कांत कोमल प्रतीक्षा की आसावरी ।

श्यामली आँखों में अतृप्त कज्जल धार, अश्रु दग्ध हो रही
लिये गंधसार यामिनी, पूर्वराग की रक्तिम आभा में है सो रही ।

■

जीवन

पुकारता जीवन लिये हाथों में ऋतु फाल्गुनी
मायामहल में है विषादी व्याकुल राजकुमुदिनी
ढूँढती हो तुम मृदु सानिध्य, धुएँ का कोमल स्पर्श
जीवन खा है तुम्हारे लिए , अनंत चैती-मधुवर्ष ।

कँटीला छुवन चाह तुम्हारी, काम्य है तमस्वी स्वर
राह देखता जीवन चंद्रभास में साथ लिये पुष्पशर
सप्तरंग से सजा रही हो तुम मृत्यु की विवाह वेदी
इंद्रधनुषी उपत्यका में है प्रतीक्षारत राह मेरी।

दु:ख है माया मरीचिका जैसे पद्मपत्र पर जल
जैसे कोई बिखराया सीमंतिनी का सिंदूरी ज्वल
है शीशे पर एक परत धूल का उजड़ा अभिसार
जीवन है लाया चंदनवन से प्रणय भरा उपहार ।

पीड़ाओं से आवृत्त रुद्ध कोठरी नहीं है तुम्हारे लिए
मुक्त गगन की खगिनी तुम गाओ जीवन गीत प्रिये ।

∎

कवियत्री वीणापाणि पंडा (1958)

अनन्य प्राण प्राचुर्य एवं नारीत्व की गरिमा से सज्जित कवियत्री वीणा जी का काव्य जगत 'निज निज आकाश' (अपना अपना आकाश), 'किछि नीरवता' (कुछ नीरवता), 'काकर बूँदा रे सूर्य' (शिशिर बूँद में सूर्य), 'भूलग्ना', 'तनु तीर्थ', 'द्वापर्णा', एवं 'गोधूलि र गीत' (गोधूलि के गीत) आदि कविता संकलनों में उनकी मधुर आत्मीयता परिलक्षित होती है। 'जह्न बगीचा' (चंद्र बगीचा) उनका नवीनतम सोनेट संकलन है।

बिजित मानव

यदि मुझे मार्ग के अंतिम छोर से लौट कर पड़े आना
यदि आ जाऊँ मत्स्य मुँह में, आँचल की गाँठ से खुल कर
सटीक ठिकाने का पत्र मैं, यदि पहुँच जाऊँ भूले ठिकाने पर
मैं हूँ हारी हुई, द्यूत क्रीड़ा की गोटी, उस दिन समझ जाना ।

मेरे वश में न था जन्म, मृत्यु भी नहीं है मेरे वश में
बादल सा चलते चलते,बन गया मैं किसी की परछाई तभी
कदाचित इस परछाई के छत्र का हो जाए अपसरण कभी
उस दिन समझ जाना मैं, नहीं हूँ मैं, मेरे स्व वश में ।

एक रात्रि के आलाप हेतु,मैंने दिया वचन हो कर घनिष्ठ
आलाप के पूर्व, विलाप आया, हुई नीरवता संचरित
यदि किसी की आशा से प्रतीत हो, कि मैं हुआ कीट-ध्वंसित
उस दिन समझ जाना कि मैं और नहीं रहा वही नीति निष्ठ ।

बिजित मानव न करता कभी भेद मृत्यु और जीवन में
भूमि पर होता एक पग उसका, अन्य पग होता शून्य गगन में ।

■

चंद्र वाटिका

प्रकाश जहाँ तमस संग अनिच्छा से होता संधित
आकाश जहाँ पृथ्वी संग गा रहा युगलबंदी
जीवन संग मृत्यु जहाँ प्रति क्षण बनता प्रतिद्वंदी
चतुर्दशी का चंद्रमा वहाँ होता अंबुदों द्वारा सम्मोहित ।

निदाघ अग्नि की नृत्यनाटिका मुक्त मंच पर जब
दर्शकों के दरबार में अपनी अभिनय कला दिखाती
बर्षा -वास की व्यथा में विधुर वधू जहाँ अश्रु झराती
चतुर्दशी का चंद्रमा वहाँ,करता निंदा भाग्य पर तब

हेमंत के करतल की मेहँदी में हल्दी-पत्ते का सुवास
शरद के कुमुद की पंखुड़ियों में तरल चाँदी सी चाँदनी
लुप्त फागुन के प्रत्यावर्तन के पथ पर जहाँ है बंदिनी
चतुर्दशी का चंद्रमा वहाँ,मुग्ध अलकनंदा का विभास ।

जब निशा होती निद्रित, दीप जाता बुझ,चंद्र वाटिका के वक्ष पर,
चतुर्दशी का करुण चंद्र लिखता अपनी दैनिंदिनी रात भर ।

■

कवि लक्ष्मीकांत पाढ़ी (1961)

विशिष्ट शिक्षाविद, साहित्य संगठक एवं कवि श्री लक्ष्मीकांत जी एक विस्मयकर सोनेटकार भी हैं। पोएजी कविता संकलन में उनकी सोनेटधारा की सूचना लिपिबद्ध है। 'मनोभूमि र मानचित्र'(मनोभूमि की मानचित्र), 'न्यायमंजरी' आदि ग्रंथ समूह क्रमानुसार कविता, निवंध तथा दर्शन शास्त्र का मनोज्ञ संकलन हैं। संप्रति कवि लक्ष्मीकांत जी ओड़िशा साहित्य अकेडमी के सदस्य के रूप में कार्यरत हैं।

वार्द्धक्य

शीर्ण शरीर जीर्ण अनुभव के स्वर में है गाता
छिन्न वसन, खिन्न संकुचन, चिह्न गोपन का दाता
तनु निवेशन, यंत्रणा है कारण, भग्न प्राय मेरु
वेदना विपंची, कटाक्ष करती, जैसे कोई शुष्क तरु ।

होता निर्बल मुष्टिबंधन यदि कुछ हस्त में करता धारण
वही द्विज-प्राण यदि पक्षहीन यष्टि का न करता वारण
युवा चंद्र सा होता यौवन, काया में होती अपरिमित आभा
उसी तन का होता क्षय, जैसे क्षरित कृष्ण पक्ष में चांद्राभा

दीप्त नयन,शक्त दशन, हैं बंदी जरा के कारागार में
अवसन्न देह,देह का दहन, पश्चाताप के अश्रु-गार में
अंत के अवकाश में इंगला-पिंगला क्या है दीर्घश्वास ?
जीवन में अवन व मरण, अयन दे रहें जरा को विश्वास ।

जीवन वृक्ष का यही चिह्न सार, क्या है शिशिर की आशा ?
समस्त पृष्ठ यदि लिख गये हो दैनिकी खोजती निराशा ।

■

आत्मरति

वही है उसका ठिकाना जहाँ नित्य होता रास,
होता नित्य वीणा वादन और चिर यौवन का वास
जाना उस उन्मादन विहीन वही नील प्रभाग को
कर देगा शाश्वत प्रणय पक्षी स्व अनुभव राग को ।

जहाँ नहीं आती संध्या और ऊषा भिन्न समय पर
वहीं रहेगी नित्य ज्योत्स्ना प्रणय संगीत गा कर
रहना निलय रचकर कभी वहाँ लौटकर न आना
वहाँ प्रणय होता अमर, सहज नहीं उसे जग में पाना

रति, रात और ऋतु का भी कोई अर्थ नहीं होता वहाँ
स्वप्नालोक में नीलालोक में रात भर की निद्रा कहाँ ?
न होगा वहाँ वर्ष, मास न दिन और रात की गति
न होगा भय न होगा संगम होगी केवल आत्मरति

अनंत सौंदर्य नित्य मधुर वही उस नील स्थान में
शाश्वत होगें पँख द्वय प्रणय पक्षी के संधान में ।

∎

यायावर

हृदय-अधर को कर पानपात्र, मैंने पिया है जीवन रस
खोजता प्रवास में अंजुरीभर प्रीति, मानपत्र न लगे सरस
होता देशहीन परंतु दिशाहीन नहीं, जीवन को देता स्वर
समग्र देश हैं विदेश मेरे लिए, कह सकते हो मुझे यायावर

क्षेत्र लगता अलग किंतु आत्मीय लगे कदाचित् प्रत्रणता
आशा-दीप परिचित किंतु अतिथि अपरिचित लगना
फागुन हुआ लुप्त कहाँ, जीवन का चैत हुआ चूर्णित
इस प्रकार इस जीवन में स्नेह व श्रद्धा से हुआ मैं वंचित ।

कौन जाने उसे जो शिशिर में हुआ तीर्ण रात्रि कर अर्पण
क्या होता पल्लव को ज्ञात तुहिनकणों का आत्मसमर्पण ?
भविष्य में सूखने वाली पीड़ाओं को लिखा अश्रुल मसि से
होगा अलीक सामान्य जीवन, अतिवाहित मृदु गति से ।

होता उत्साहित ये मन कभी कभी होना दीप्त प्रदीप सा
परंतु मैं हो जाता दीप तल जब कोई और होता दीप सा ।

■

www.ingramcontent.com/pod-product-compliance
Lightning Source LLC
Chambersburg PA
CBHW031116080526
44587CB00011B/990
* 9 7 8 1 6 4 5 6 0 1 1 6 6 *